百年不僵的
紅色海嘯

列寧

in

U0087476

潘于眞，鍾聲 編著

目錄

目錄

指導革命

目錄

序

生卒與經歷

烏拉奇米爾・依里奇・列寧（Vladimir Ilyich Lenin）（西元 1870 ～ 1924 年），本名烏拉奇米爾・依里奇・烏里亞諾夫（Vladimir Ilyich Ulyanov）。著名的馬克思主義者、革命家、政治家、理論家、布爾什維克黨創立者、蘇聯建立者和第一位領導人。

西元 1870 年 4 月 22 日，列寧出生在俄國辛比爾斯克省辛比爾斯克市，1887 年，列寧中學畢業，進入喀山大學法律系學習，大學一年級時因在學校參加學生運動被開除流放，在此期間自學了大學法律系課程以及馬克思主義著作，特別是《共產黨宣言》、《資本論》等，由此接受並一生堅信馬克思主義。

1892 年，列寧寫下了其第一本著作《農民生活中新的經濟變動》。同年，獲得沙俄政府教育部批准，以聖彼得堡大學法律系校外旁聽生資格赴聖彼得堡參加大學畢業國家考試，獲金質畢業獎章與大學畢業證書。隨即進入聖彼得堡一家律師事務所從事見習律師，並參加了當地馬克思主義者的工人小組活動。

序

　　西元 1917 年俄國爆發二月革命，列寧迅速成為布爾什維克運動的領袖。俄曆 10 月 25 日晚，即公曆 11 月 7 日，他發動十月革命，宣告推翻俄國臨時政府，成立「工農臨時政府」。11 月 8 日，列寧當選為第一屆蘇維埃政府主席。

　　1924 年 1 月 21 日，莫斯科時間 18 時 50 分，列寧在高爾基公館去世，終年 53 歲。

成就與貢獻

　　在理論方面：列寧轉化馬克思主義，與時代相結合，豐富了馬克思主義的實行面，進一步形成列寧主義。

　　在實踐方面：列寧領導和建設了布爾什維克黨；發表〈四月提綱〉，指出俄國革命的兩個階段，指引人民向社會主義革命過渡；領導十月革命取得勝利，成立第一個無產階級專政的國家；實行和平外交政策，在國際上首做社會主義外交表率；建立紅軍，實行戰時共產主義政策，領導俄國度過難關，贏得國內戰爭的勝利；採取新經濟政策，鞏固工農聯盟，鞏固蘇維埃政權，創造將私有制引入社會主義建設發展的形式，利用資本主義為社會主義發展奠定經濟基礎。

地位與影響

　　列寧帶領的俄國社會主義革命對世界歷史走向產生了巨大影響。列寧發動的十月革命，是人類歷史上第一場勝利的社會主義革命，建立了第一個無產階級領導的社會主義國家，他嘗試建立沒有剝削和壓迫的平等社會、嘗試建設公平正義共同富裕的美好社會；十月革命沉重地打擊了帝國主義統治，大大鼓舞國際無產階級革命運動和殖民地、半殖民地被壓迫民族的解放運動。

序

少年品行

我們一定要給自己提出這樣的任務：第一是學習，
第二是學習，第三還是學習。

—— 列寧

在良好的家教中成長

西元 1870 年 4 月 22 日，烏拉奇米爾·依里奇·烏里亞諾夫出生在伏爾加河岸的辛比爾斯克城。辛比爾斯克城即現在的烏里亞諾夫斯克。

烏拉奇米爾的父親伊利亞·尼古拉耶維奇·烏里亞諾夫是一位具有民主進步觀念的中學教師，後來成為辛比爾斯克省國民教育廳督學。因多年從事國民教育並成就非凡，晉升為省國民教育部長，並曾獲得貴族稱號。

烏拉奇米爾的母親瑪麗亞·亞歷山大羅夫娜·烏里亞諾娃是一位醫生的女兒，結婚前住在鄉間莊園，在家受教育。她勤奮好學，後來通過考試，獲得小學教師的資格。她讀過許多書，擅長外語和音樂，十分關心孩子們的學習和品德教育，終日為他們操勞。

烏里亞諾夫一家有 6 個孩子。烏拉奇米爾的哥哥叫亞歷山大，姐姐是安娜，妹妹歐嘉，弟弟德米特里，最小的妹妹叫瑪麗亞。

烏拉奇米爾的父母為了將 6 個子女培養成為有崇高理想的全方位人才，把五育並重作為家庭教育時的重要原則，也非常關心孩子們的智力發展，從 5 歲開始就教孩子讀書。當每個孩子剛學會俄語的說、讀和寫，媽媽就馬上教他們學習外語。3 歲至 10 歲的小孩子最會記單字和學說話，這個年齡

少則半年，多則一年就能學會用外語說話。

烏里亞諾夫夫婦力求使孩子們從小養成讀書的習慣，向孩子們提供了適合不同年齡閱讀的書籍，並訂閱各種兒童刊物。他們的家庭圖書館有很多藏書，孩子們還從市圖書館借閱各種書籍。書是夫婦倆促進孩子智力發育的主要手段，以各種各樣的新知識豐富了孩子們的頭腦。

對於幼小的孩子，母親在外語教學時總是一邊遊戲一邊學習，把學和玩結合起來。空閒的時候，還和孩子玩猜字謎、問答遊戲，以增強學習興趣，促進頭腦運動。

父親很重視培養孩子對學習的責任感，和刻苦勤奮學習的精神。當他發現烏拉奇米爾輕鬆學會所有的功課，反而十分擔心，生怕這樣會妨礙他學習刻苦勤奮的品德，和應有的責任感。

於是烏拉奇米爾的父親帶他去參加一場小學畢業典禮，在莊嚴的典禮上，要他看看勤奮學習的學生上臺領取獎狀，學習那位學生在生活狀況和學習環境都很差的情況下頑強勤勉的精神。

這個家庭還很重視給予孩子良好的學習環境。母親為童年的烏拉奇米爾提供一張學習用的書桌，後來又給了他一個書櫃，讓每個孩子都有自己學習的天地。那裡非常整潔，所有的書、文具、作業本都放得整整齊齊。

　　這也是影響學習的一個重要因素。如果總是得尋找亂放的課本、筆記本、鋼筆、尺規等，容易使孩子情緒煩躁，影響學習，優異的學習環境對孩子們學習則非常有利。

　　烏拉奇米爾的父母相親相愛，家庭氣氛和睦快樂。他們熱愛孩子、尊重孩子，孩子們也深愛並尊敬父親母親。

　　孩子們勤奮的品格是在父母言傳身教下養成的。從小，母親從玩遊戲開始要求孩子們自己收拾玩具和故事書，當然也要求他們自己穿衣服和吃飯；稍大一點，就教他們做家事、照顧弟妹。

　　父親本人善於使用木工工具和金工工具。他教孩子們手工藝，男孩子稍大一點就教他們使用刨刀、鋸子、鑿子和其他工具。男孩子們使用小鋸，鋸出相框、麵包盤，又用硬紙板、木頭、錫箔製作玩具，幾乎所有玩具都由孩子們自己製作。

　　每年，母親都要和孩子們一起用硬紙板和色紙為新年松樹做裝飾品。在製作繽紛裝飾物的過程中需要互相幫助、同心協力才能完成，這同時也是競賽，看誰手更巧、更有創造性、製作更精美。

　　孩子們常常幫助大人打掃屋院、整理果園等等，孩子們在這裡觀察植物的生長過程和昆蟲的生活習性。

　　翠綠的果樹、彩色的花朵，各種草木使孩子們心曠神

怡。所有的孩子都自己動手來，為樹木花草澆水。先用木桶在井裡打水，再提著噴壺將水送到指定的地方，既快又好，誰也不叫苦，誰也不甘落後。

多才多藝的媽媽從小就教孩子們唱歌、欣賞音樂、學鋼琴。他們會唱許許多多的歌曲，夜晚在家裡盡情歌唱，假日去森林河岸郊遊時還一起二重唱、三重唱。女孩子都學會了鋼琴，在唱歌時伴奏。爸爸媽媽還鼓勵孩子們學習繪畫，亞歷山大和歐嘉最有興趣，也畫得最好。

全家常常一起去伏爾加河岸、森林中旅行，觀看遠近白色浮冰、金色與緋紅交織的日出日落。父親和母親希望孩子們在大自然中得到美的感受。

他們還非常重視體育。孩子們很小就開始學習游泳，七八歲時就能游過一條小河，第一次橫渡小河時總有大人陪同。

之後，孩子們要逐漸學會一動不動地仰在水面上、抱著頭朝下跳入水中、潛入水底並帶回一團水藻；一隻手舉著襪子或鞋子過河，不能弄溼；一口氣游到約一公里外的小河口。於是，每到夏季，孩子們睡前都要去河裡游泳。

冬季，每天午後孩子們都一起溜冰，也把小妹妹瑪麗亞放在扶手椅裡推在冰場上走。他們還在家院斜坡上潑水，修出一個人工冰山，然後躺在自製的小雪橇往下滑。往往大家

一起落入雪堆中，院子裡便充滿了快樂的笑聲和叫聲。

春天，孩子們自己製作各式風箏放上天空。平時，他們一起打棒球、撞球，玩各種遊戲。爸爸媽媽還和孩子們一起釣魚、划船，養成各種體育愛好。使孩子們長大後具有永不熄滅的樂觀精神、驚人的工作耐力，能夠在革命鬥爭中忍受生活的波折。

孩子總歸是孩子，活潑而淘氣的烏拉奇米爾、歐嘉、德米特里常常做出各種各樣使人操心的事情。例如爬到桌上碰倒花瓶、用腳踩壞地上報紙。有一次，烏拉奇米爾獨自跑到街上，坐在馬路當中，一匹馬衝過來，險些撞倒他。

其他的孩子有時也會像公雞一樣爭鬥，或者男孩不止一次欺負女孩，有時又互相逗弄，妨礙彼此學習。

為了不傷害孩子的自尊心、不影響孩子獨立和主動，並培養孩子的自律、紀律，烏拉奇米爾的父母從來不體罰孩子，但在管教上仍保有處罰，例如哪個孩子過份淘氣，做了不允許做的事情，那就把他帶到父親的書房裡，讓他坐在一張大皮椅上好好反省自己的行為。有時候也訓誡犯有過錯的孩子。這種訓誡，既是嚴厲處罰，同時又是一種喚醒良知的教育。

不過，處罰只占次要的地位，對小孩子最常用的教育方式是引導。母親常常把淘氣得厲害的孩子帶進餐廳，坐下

來彈鋼琴，和他們一起唱歌或遊戲，然後說說為什麼不能淘氣。

培養孩子遵守紀律的主要方法，是提出嚴格、一致的要求。不管孩子做出什麼不好的事，父母從不大聲喝斥、指責甚至辱罵；也不管孩子的任性如何使他們氣憤，他們總是克制自己，找到合理的辦法說服孩子，並堅持自己的要求，毫不妥協。

父母周密地安排家庭生活。孩子除上學外，在家中規定了絕對準確的起床、吃飯、睡覺、做作業、玩耍、幫忙工作的時間，從小養成遵守作息的習慣。就這樣一年一年下去，孩子們的習慣就會逐步成為自然的行動準則。

家裡還規定了「肅靜時刻」。這個時間大家同時工作或閱讀，父母孩子都一樣。誰要打破這一時刻是絕對不允許的。每到這時，到處是工作和學習的氣氛。

父親在書房裡辦公，兩個男孩子在閣樓上看書，母親坐在餐廳的大桌子旁做針線，兩個姐姐坐在母親旁邊做作業，弟弟和瑪麗亞兩個小小孩也坐在一邊悄悄地玩著什麼，嚴格禁止喧譁或妨礙大人們做事，規矩非常嚴格。

這種「肅靜時刻」的規定，使孩子們養成了遵守紀律、尊重家中其他成員和自我克制的習慣。

家裡還規定了三條不可更改的規則。

第一條，凡是不該做的事就是不能做，絕無讓步可言。

第二條，孩子們應當明白為什麼有些事情不可以做。

第三條，不管是大人還是孩子都要同樣遵守規定。

孩子們過得很自由，有時在家裡玩老鷹抓小雞、捉迷藏、貓捉老鼠，弄得凳子框框地響，高聲喊叫，哈哈大笑，整個屋子鬧哄哄的。

如果這時家裡沒有人工作、學習或者休息，就沒有人制止。因為這是有益於孩子身心成長的運動，也是娛樂和消遣。教養當中不僅是適時禁止，而且要給予允許，這對遵守紀律亦具有意義。

當孩子們年齡稍大一點，理解力提升，父親和母親就仔細培養他們崇高的理想。造就一個有理想的人，這是他們對子女教育要達到的堅定目標。

他們常常用俄國進步社會運動者的崇高理想作為教育子女的榜樣，用以公共利益為目標的革命精神教育孩子，講述他們的生動事蹟，而不是進行枯燥的說教。

他們和孩子們一起閱讀車爾尼雪夫斯基等進步作家的文學作品，一起朗誦被沙皇處以絞刑的十二月黨人的詩歌。孩子們非常喜歡這些充滿革命熱誠的創作，能背誦其中不少作品。

他們還把愛國英雄、偉大的科學家和作家作為孩子們學

習的榜樣。並且為孩子們訂閱抨擊沙皇腐敗、殘暴的諷刺刊物《星火》，讓孩子們懂得不僅要讚頌國家的美好之處，還必須揭露和批判實際存在的醜惡，應當長成為人民的幸福鬥爭的戰士。

他們鼓勵孩子們參加社會活動。因為僅僅從書本中懂得知識並不夠，還得在實踐中學習。那時參加社會活動被認為是造反、是反對沙皇。即使如此，他們還是盡力支持孩子們參加。

烏拉奇米爾的父母深深懂得，愛孩子，就要了解自己的孩子，洞察他們的內心世界和性格特色，只有了解孩子才會理解孩子，也才能更成功地教育孩子。這是烏拉奇米爾的父母在教育子女的過程中深刻體會到的。

烏拉奇米爾・依里奇・列寧就是在這樣良好的環境下成長起來的。

不私自貪圖大家的果實

時光荏苒，歲月如梭。一轉眼，烏拉奇米爾已經 8 歲了，長成了一個調皮可愛的小男孩。他有著圓滾滾的機靈大眼睛、像父親一樣寬闊飽滿的額頭、總是紅通通的小嘴。現在他早已不是家裡最小的孩子。最小的妹妹瑪麗亞正躺在搖籃裡；大妹歐嘉和弟弟德米特里也在他之後相繼出生。由於

孩子們的存在，這個八人大家庭總是洋溢著歡聲笑語。

為了讓孩子們有更舒適安寧的成長環境，早在烏拉奇米爾半歲的時候，他的父母就用全部積蓄買下莫斯科街 58 號的一棟木製平房，這棟房子不僅有閣樓和迴廊，在屋後還有一個果園。

夏天不僅是辛比爾斯克的黃金時光，也是烏里亞諾夫家小果園最美麗的季節。

最吸引孩子們的莫過於蘋果樹，夏天的蘋果樹已綴滿碩大芬芳的果實。在陽光的照耀下泛出引人採擷的光彩。

「薩沙（按，俄文中亞歷山大的小名），瞧蘋果長得多好，我們摘幾個吃吧？」一次在園中遊玩的時候，烏拉奇米爾忍不住問哥哥亞歷山大。

「烏拉奇米爾，那可不行，果實是大家的，媽媽還要用來做蘋果醬和招待客人，我們不能隨便摘。」12 歲的亞歷山大嚴肅地回答。

「可是亞歷山大哥哥，我們也想吃蘋果，只吃一個就好。」弟弟妹妹們也跟著說。

望著弟弟妹妹那渴望的表情，亞歷山大相當為難。

「這樣吧，」14 歲的大姐安娜走過來，「昨天，我看到幾個熟透了的蘋果從樹上掉下來，媽媽拾起來做了蘋果醬，今天風又不小，也許還會掉下蘋果，不如我們明早起床來拾

蘋果，誰拾到幾個就吃幾個，怎麼樣？」

「噢！好啊！就這麼辦！」弟弟妹妹為了這個約定都拍著手又跳又叫起來。

烏拉奇米爾興奮得一夜都沒有睡好。早晨六時多，當陽光掠過窗口照在他的枕頭上，他馬上醒了。他迅速地穿衣洗臉，然後像一陣風似的奔進了果園，只有和煦的陽光和溫暖的清風成了他的夥伴。哈哈，自己是第一個！

「一、二、三、四、五」，烏拉奇米爾一邊數著，一邊把掉在地上的蘋果放在昨晚就已準備好的籃子裡，一共撿了十幾個。其中有一個已經紅透了，真讓人忍不住想咬上一口。蘋果已送到嘴邊，「蘋果是大家的，」昨天亞歷山大的話又浮現在耳旁，烏拉奇米爾想了想，又把蘋果放回籃中。

這時，園外傳來了腳步聲，烏拉奇米爾一閃身，敏捷地躲到一棵樹後：是安娜和弟弟妹妹們來了，手裡也都提著小籃子。

「哎，亞歷山大，看見烏拉奇米爾了嗎？」安娜問。

「奇怪，他沒在房子裡，可是好像也不在果園裡呀？」亞歷山大答道。

「怎麼一個蘋果也沒有？」7歲的歐嘉和4歲的德米特里早就一陣風似的跑到了蘋果樹下，可是他們一個蘋果也沒找到。

「哈哈，你們這些懶鬼，都睡過頭了。」烏拉奇米爾從樹後轉出來，得意地笑著說，「蘋果都在我這呢！」

「烏拉奇米爾哥哥，我也想吃蘋果。」德米特里撲閃著大眼睛望著烏拉奇米爾手裡的籃子。

「亞歷山大說得對，蘋果是大家的，所以我撿的蘋果大家平分，每個人都一樣多！」烏拉奇米爾大聲宣布。

「烏拉奇米爾，你真是個懂事的哥哥！」安娜誇讚地拍拍弟弟的肩膀。

從果園回來，姐弟們把剩下的蘋果交給媽媽，就坐在桌前吃早餐。爸爸正在閱讀當天的報紙。

「孩子們，今天是我們家的法語日，」媽媽端上一道湯說，「別忘了，今天餐桌上只能講法語，說了俄語的人不能喝湯。」

話音剛落，孩子們趕緊互相提醒別忘了講法語。每天都講俄語要輕鬆些，但是媽媽想叫孩子們懂一些外國語，所以分別安排了英、法、德、俄四種語言日，以提高他們的語言能力。

「媽媽，我們家自製的雜誌這週六就能出第一期了吧？」烏拉奇米爾用法語問媽媽。

「當然，我的烏拉奇米爾。你用『庫仁貝金』作筆名投的兩篇稿子都錄用了，你要繼續努力呀！」媽媽用法語回答。

「歐嘉，你好像一篇文章也沒投喲？」爸爸放下報紙對歐嘉說。

「噢！爸爸，這幾天我怎麼也想不出什麼家庭趣事寫出來，不過，今天早晨我可逮到一件。」歐嘉對烏拉奇米爾調皮地眨了一下眼睛說。

「什麼事，講出來聽聽？」爸爸刨根問底。

「親愛的爸爸，這是個祕密，」歐嘉故弄玄虛地說，「它將出現在我們家的雜誌上。」

週六，烏里亞諾夫家的第一期家庭手抄雜誌問世了，爸爸、媽媽和孩子們一起興致勃勃地閱讀。爸爸終於知道了歐嘉口中的祕密。原來，那正是關於烏拉奇米爾為大家拾蘋果的故事。因為烏拉奇米爾受人歡迎的好品格，這篇文章也成了第一期雜誌上最受歡迎的文章。

做個真正的勝利者

「烏拉奇米爾，那邊是深水區，水流湍急，很危險，千萬別過去！」爸爸朝著向深水區游去的烏拉奇米爾喊著。

「我不怕，我和安德列夫打賭了，下次去烏什尼亞河游泳一定要贏過他，比他游得更快，潛得更深！」烏拉奇米爾回頭答道。

「不行，別任性！」爸爸大聲喊道。

「爸爸，您讓他去吧！」爸爸身旁的亞歷山大說，「上次和表弟比摔跤，不獲勝他就說什麼也不肯回家，最後終於贏表弟了，兩個人身上都青一塊紫一塊的。這陣子他也一直吵著要來斯維亞加河游泳，一來就到深水區去練習，原來是為了這場比賽。」

「安德列夫是誰？」爸爸問。

「是科庫什基諾村一戶佃農的兒子，這幾年去那裡過夏天，他都是和安德列夫一起玩。」

「怪不得，最近幾年暑假我總是有事出差，不能跟你們一起，好多事都不知道。」爸爸有些歉疚地說。

「瞧，烏拉奇米爾游得多出色！」亞歷山大指著深水區那邊對父親說，「爸爸，我們也一起去吧？」

「好！」父子倆一同向深水區游去。

烏拉奇米爾盼望已久的夏天終於來了。和往年一樣，媽媽領著六個孩子到科庫什基諾村過夏天。那裡有外祖父留給母親的幾所房子，還有烏什尼亞河、大森林、草地和他的小夥伴們。

「烏拉奇米爾，準備好了嗎？我等了一個冬天呢！」安德列夫信心十足地說。

「我也和你一樣著急呢，安德列夫。」烏拉奇米爾也不示弱。

不知不覺，一群小夥伴簇擁著他倆來到了烏什尼亞

河邊。

烏什尼亞河河道彎彎的，水流很急，河兩岸長滿了赤楊和垂柳，河中還沉睡著數朵睡蓮。

「預備！出發！」隨著一個小男孩的響亮喊聲，河中被劃出兩道平行的水線。烏拉奇米爾和安德列夫兩個人展開雙臂，拚盡全力搏浪前進。「加油！加油！」河岸上的孩子們奮力地喊著。

到了，烏拉奇米爾奮力一擊，把頭探出水面。安德列夫已在那得意洋洋地衝他微笑了。「你輸了，烏拉奇米爾，你怎麼能趕上我這個烏什尼亞河的水鬼呢！」

「安德列夫贏了，烏什尼亞河水鬼萬歲！」岸上的孩子們也齊聲呼喊起來。

「這次我輸了，不過下回一定要贏你！」烏拉奇米爾大聲說。

「好，看你有多大本事。」

為了慶祝勝利，安德列夫提出要去划船，孩子們像對待首領一樣擁護他。出乎大家意料，烏拉奇米爾也不介意加入這次勝利者的航行。

坐上小船，安德列夫當上了將軍，指揮水兵們前進。

「報告將軍，船板漏水了！」一個男孩驚慌地說。

大家低頭一看，河水果然從船板一側的接縫中開始滲進來。

「大家快往船外潑水。」安德列夫命令說。

男孩子們忙成了一團，有的用手把水使勁潑向船外，有的乾脆把靴子脫下來當作舀水的工具。「舵手」也急急忙忙地把船往岸上划去。眼見船到了岸邊，大家都鬆了一口氣，把溼漉漉的靴子放到船頭上，停下來休息。

「大家不要把靴子放在船頭，小心掉下去漂走！」烏拉奇米爾一邊把靴子放進船中間的棚裡，一邊提醒大家，「都放在船棚裡！」

孩子們覺得他說得有道理，便紛紛拿起靴子要放到船棚中。安德列夫見大家遵從烏拉奇米爾指揮。十分生氣，喊道：「我才是將軍，我命令你們把鞋放回船頭。」

孩子們望望安德列夫，又瞧瞧烏拉奇米爾，還是服從了「將軍」的命令。過了一會兒，一個男孩忽然大叫起來：「不好了，船在下沉，我們的靴子漂走了。」果然，船頭的水越積越多，幾雙靴子都漂到河裡。

男孩們忙伸手去抓漂走的靴子，然後奮力地跳上岸。「啊！終於脫險了！」安德列夫抱著自己的靴子大喘了一口氣說。「哎呀！我的另一隻靴子不見了。」一個小男孩舉著一隻右腳的靴子著急地叫著。

孩子們急忙脫下衣服掛在岸邊的小樹上，然後一個接一個地鑽到河裡撈那只失蹤的靴子。可是，他們撈上來的盡是

淤泥、樹根和石頭，哪有靴子的蹤影！

男孩們都躊躇不前，連安德列夫也有些膽怯。

「嗚嗚！怎麼辦呢？沒有那只靴子，媽媽，媽媽肯定會罵我的。」丟了靴子的男孩大哭起來。

「別著急，我再試試。」一個男孩從人群中走出來，他正是烏拉奇米爾。

「撲通」一聲，烏拉奇米爾又躍入水中。這次過了好一會兒才鑽出水面。「找到了！找到了！」烏拉奇米爾興奮地喊著，手中托起了男孩那另外一隻靴子。

「烏拉奇米爾，真謝謝你！」男孩從烏拉奇米爾沾滿淤泥的手中接過靴子，臉上樂開了一朵花。

「烏拉奇米爾，你真勇敢！」安德列夫走過來拍拍烏拉奇米爾的肩膀說，「你才是真正的勝利者！」

學習認真、勤奮誠實

小烏拉奇米爾既在學習上特別認真，又是一個誠實的孩子，在這些方面，他處處嚴格要求自己。

烏拉奇米爾小時候就認真學習，他在這方面做得很好。在學校裡，他每門功課都學得很好。老師講課，他用心聽；老師留的作業，他認真做。

老師出的作文規定兩個星期交卷，許多同學往往拖到交

卷前一天的夜裡才匆匆忙忙地寫出來。烏拉奇米爾就不是這樣，老師指定作文題目，他當天就動手開始。他先擬好作文大綱，接著就打草稿，把紙分左右，反覆修改，最後小心翼翼地謄寫一遍。

烏拉奇米爾打草稿用鉛筆。他把鉛筆削得尖尖的，草稿上的字筆畫很細，又清楚又整齊。

等到交卷的時候，他的文章已經認真細緻地修改過幾遍，自然又充實又有條理。所以，老師看了當然會滿意，往往不是 A，而是最優秀的 A+。

那個中學的校長就是烏拉奇米爾的語文老師。他常常稱讚烏拉奇米爾作文成績好，對烏拉奇米爾的母親說，烏拉奇米爾寫作文時肯用心，考慮得很周密；寫出來的文章內容豐富，很明確、簡潔。

烏拉奇米爾在學校裡學習，各科成績都是 A，年年得到特優獎。他 17 歲中學畢業的時候，還得了金質獎章。

烏拉奇米爾做完學校裡的功課，還讀了許多的課外書。他愛書裡那些勤勞勇敢的人，拿他們做自己的榜樣，還常常把書裡的故事講給別人聽。

烏拉奇米爾十分愛護書，他從來不把書弄髒，也不把書到處亂扔。有一次，他不小心將一個大墨點滴在作業本上。雖然這一頁已快寫滿了，可他不願讓清潔整齊的作業本上留

下這個墨點兒。他將那頁紙扯下，抄寫一頁補上才罷休。

烏拉奇米爾小時候之所以學習成績優秀，除了認真聽講等原因外，不懂就問的學習習慣是一個重要的因素。

有一次，他和幾個小朋友挖到了一個糞金龜的窩，裡面有很多圓圓的糞球。有個同學問：「糞金龜為什麼要把糞球滾到窩裡去呢？」

大家都答不上來，他把烏拉奇米爾給問住了，他答應第二天把答案告訴大家。他回家後，先是向哥哥請教，又拿出好多書籍查找。

第二天，烏拉奇米爾帶來了答案：原來糞金龜把卵產在屎球上，幼蟲孵出來後，即把屎球當食物。

同學們聽了烏拉奇米爾的解釋，都滿意地笑了。

烏拉奇米爾從小就是個誠實的孩子。一次，他把別人剛剛送給姐姐的尺折斷了，馬上就把這事告訴姐姐，並表演了他是怎樣在膝蓋上把尺子折斷的。姐姐非常生氣，可是媽媽卻提醒女兒，要看最本質的東西。這件事就這樣了結了。

有一次烏拉奇米爾到姑姑家去，姑媽家的表兄弟、表姐妹們和他玩起了捉迷藏的遊戲。幾個孩子追的追，逃的逃，熱鬧極了。

當時，烏拉奇米爾一心想鑽到桌子底下。但是他著急往裡鑽的時候，一不小心碰了桌子，就聽「啪」的一聲，桌子

上的花瓶突然掉在地上打碎了。多好看的玻璃花瓶，打碎了多可惜呀！孩子們一下都呆住了。

姑姑聽到響聲，趕忙跑到房間裡來，瞧瞧出了什麼事了。她看見花瓶打碎了，就問大家：「孩子們，誰把花瓶打碎的？」

表哥表姐都說：「不是我打碎的。」

烏拉奇米爾也跟著說：「不是我打碎的。」他說話的聲音很低很低。

姑姑說：「你們誰也沒有打碎花瓶，那麼一定是花瓶自己打碎的了，大概它在桌子上站得心煩了，所以就倒了下來。」

一個表哥說；「大概這個花瓶想跟我們一起跑一跑，所以從桌子上跳下來，可是它忘了自己是玻璃作的，就打碎了。」

大家聽他這麼一說，都笑起來了。只有烏拉奇米爾沒笑，不聲不響地跑到另外的房間裡，在桌子跟前坐著。謊言讓他的心裡很難過。回到家裡，烏拉奇米爾躺在床上不說話。

事情變得複雜了，要不就承認打碎了玻璃瓶，要不就承認是說謊話。最簡單的辦法是揭穿謊話並給以處分。但是做母親的沒有這樣做。在她看來，重要的是兒子是不是意識到

自己的過失，是否為自己的不誠實感到難為情。她希望幫助兒子找到自己的良知。

母親尋找機會，對烏拉奇米爾講了各種各樣誠實守信的小故事，啟發兒子，想讓他對自己的不良行為萌發羞愧。

從那以後，媽媽明顯地感覺到烏拉奇米爾不如以前活潑了，似乎是良心正在折磨著他。

有一天，在烏拉奇米爾臨睡前，媽媽又像往常一樣，一邊撫摸著他的頭，一邊給他講故事。不料，烏拉奇米爾突然失聲大哭起來，痛苦地告訴媽媽：「我欺騙了姑媽！姑姑問我們的時候，我騙了姑姑，說玻璃瓶不是我打碎的，可是它就是我打碎的！」

這時，母親笑了，她感到高興的是，在兒子身上發生的精神搏鬥中，誠實的因素取得了勝利。媽媽疼愛地摸了摸烏拉奇米爾的頭，說：「你明天就給姑姑寫封信，告訴她花瓶是你打碎的，而之前你說了謊。我想，姑姑一定會原諒你的。」烏拉奇米爾聽了媽媽的話，這才安心地睡著了。

過了幾天，郵遞員給烏拉奇米爾送來一封信，是姑姑給他寫的回信呢！烏拉奇米爾連忙把信拆開來看。姑姑在信上說：「做錯了事，自己承認，是個好孩子。」

烏拉奇米爾把姑姑的回信給爸爸媽媽看，爸爸媽媽都稱讚他是個誠實的好孩子。

　　正是家長的所有這些稱讚和支持，促進了烏拉奇米爾優良品格的進一步養成。

生涯早期

不用相當的功夫，不論在什麼深刻的問題上都找不
出真理；誰怕用功夫，誰就無法找到真理。

—— 列寧

 生涯早期

思想中閃爍異端的火花

西元 1878 年，9 歲的烏拉奇米爾開始上辛比爾斯克中學，他是一個優等生，學習對他並非難事，他還樂意幫助同學做功課。

在學生時代，烏拉奇米爾就以能夠系統而周密地工作出名。拿他在學校的作文方法為例，其實他早就會了，此時做得更加仔細。

首先，他寫一個簡明的大綱，包括引言和結論；然後，他拿一張紙一折為二，左面打草稿，有配合寫作大綱的各種數字和文字。以後的幾天裡，他在紙的右面寫上補充、改正和添加的文字以及從書上得來的東西等。最後，他根據這個草稿寫出文章。

這種對一切工作細心準備的作風成了烏拉奇米爾終身的工作特徵。以後，每寫一篇報上的文章或作一次演說，他總是會先寫一個簡明的大綱。他準備寫手冊或書時，都要起草幾次，一次比一次詳細精確。他同樣細心地編輯必要的引文、數字和資料。他刻苦努力，以培養工作所必需的恆心和能力。

烏拉奇米爾對時事越來越敏感了。這種敏感源於他不尋常的經歷。還在上小學時，他就開始明白俄國工人和農民受

著多麼殘酷的壓迫。他的性格和觀點也是在俄國反動的黑暗年代形成的。

在當時，工人為了一點微薄的報酬不得不一天勞動 12 至 14 小時。在農村，地主稱王稱霸，佔有絕大多數肥沃的土地。3 萬個地主有 7,000 萬畝的土地，得有 1,050 萬戶農家的土地加起來才有這麼多。農民被認為是「自由」的，但實際上完全是地主的奴隸，不得不替他們忙活。此外，他們還負擔著繁重的捐稅。此外，沙皇時代官吏、警察和憲兵橫行全國，一切書報必須經嚴格的檢查，禁止報導國內真正的情形。

隨著學年的增加，烏拉奇米爾現在已經 17 歲了，正在上中學八年級。有一天，校長弗·米·克倫斯，也就是他的語文老師，在看了他的新作文〈人民生活不富裕的原因〉以後，沒有像以往那樣馬上做出評論，而是叫他放學之後去他的辦公室。

門沒關，克倫斯校長一眼望見了門口這個英俊結實的少年。他即將畢業，長得很像他的父親，即本省國民教育總監伊里亞·尼古拉耶維奇，同樣有著健壯的體格、寬闊的額頭、高高的顴骨、炯炯有神的雙眸和略微上翹的眼角。所不同的是，校長在這個年輕人身上看到了蓬勃的朝氣和無所畏懼的勇氣。

弗・米・克倫斯校長一直很器重烏拉奇米爾，不僅因為他和年輕人的父親是好朋友，而且因為烏拉奇米爾天資過人。他認為這個年輕人善於思考、品學兼優、前途無量。

然而，今天的這篇作文，讓他看到了烏拉奇米爾思想中閃爍的異端的火花，他要盡力地規勸他，幫助他。

「烏拉奇米爾，請進，請坐！」校長很客氣又帶著幾分嚴肅的神情說，「你為什麼要寫這樣一篇文章呢？」

「因為所見所聞，眾多真實的故事啟發了我，它們真真切切地發生在我的身邊。」

「你知道你是在批判現在的社會制度嗎？這是不允許的。」

「但是制度確實存在弊端。」

「別忘了，學生的任務就是學習，至於其餘的事情，又與你們有什麼相干呢？」

「校長，一個年輕人又怎能不關心國家的事呢？」

「你一個人的關心又有什麼用？」

「可是，如果每個人都這麼想的話，現狀不會沒有絲毫改變的！」烏拉奇米爾語氣很堅定。

「好，我希望你的關心就到這篇文章為止。年輕人，我很器重你，你在學校每一科成績都是優，希望你和你哥哥一樣在畢業時獲得金質獎章。我和你父親一樣，希望你成為對國

家、社會有用的人，不希望你走錯路！」

弗・米・克倫斯校長說到這想了一下，繼續說，「雖然我不贊成你這篇文章的內容，但你犀利的文筆、雄辯的氣勢還是打動了我，我要給你最高分，但我希望你永遠記住我今天的話。」

烏拉奇米爾望著校長那雙懇切的眼睛，他沒再說什麼。他向校長鞠了一躬，離開辦公室。

一路上，烏拉奇米爾思潮翻湧，他想起了寫作這篇文章時那個激動難眠的夜晚。那個晚上，烏拉奇米爾和哥哥亞歷山大熱烈地討論了那麼長時間。

「烏拉奇米爾，看到我桌子上放著的別林斯基、車爾尼雪夫斯基和赫爾岑的書了嗎？」亞歷山大走進烏拉奇米爾的房間問。

「都在我這。」烏拉奇米爾從一大堆稿紙間抬起頭來說。

「為什麼我的書最後都會莫名其妙跑到你的桌上？」亞歷山大奇怪地問。

「哥哥，你讀的書我都感興趣。」

「不過，這些書和你以前從我那拿的文學名著可不一樣，它們是宣傳民主進步的，你知道嗎？」

「知道。我都看過了，我只是想引用其中的幾句話而已。」

「引用？」亞歷山大奇怪地看著烏拉奇米爾，「你要寫什麼？」

「是這樣的，我要寫一篇作文，論述為什麼工人和農民一年四季辛苦的工作，卻過著飢寒交迫的生活；地主和工廠廠主們好逸惡勞，卻過著奢侈的日子。因為我們這個社會存在著不平等。」烏拉奇米爾說到這，激動地攥起拳頭。

亞歷山大的目光被點亮了，這也是他這個聖彼得堡大學的高材生一直在思考的問題。他坐在弟弟對面問：「烏拉奇米爾，你是怎麼想到這個題目的呢？」

「哥哥，其實這個問題是很長時間以來、不知不覺留在我心底的。還記得小時候，爸爸教我們的關於窮人的詩嗎？」

「是不是那首〈窮人的歌〉？」

「對對對，『財主大混蛋，抱緊錢櫃難入眠，窮人貧如洗，唱唱多歡喜。』那時候，我最喜歡這首詩了！我曾問爸爸，為什麼有財主和窮人呢？為什麼財主有錢櫃而窮人卻沒有呢？可是爸爸沒有回答。後來，有一年夏天，去科庫什基諾村的輪船上，我問過你一個關於鍋爐工人的問題，還記得嗎？」

「嗯。」亞歷山大想了想，點點頭，「那年夏天酷熱難當，就連靜靜地坐著都會流汗，我們在輪船上和爸爸下棋的時候，看到鍋爐工人在機器房裡揮汗如雨地工作，於是你就

問，為什麼鍋爐工人的痛苦不能減輕一點，我回答說，誰會關心他們的痛苦呢？輪船老闆只想要工人們賣力工作，讓輪船能夠順利地到達。鍋爐工人痛不痛苦，他們才不關心。」

「對呀，然後我對你說，鍋爐工人為何不向老闆抗議，這不公平。你告訴我，因為輪船是老闆的，不屬於工人，他們如果不賣力工作，就會被解僱，可是他們還要養活全家。」

「不只鍋爐工人是這樣，在城市裡，各行各業的工人都是這樣，在農村也是這樣。佃農租種地主的土地，一年四季辛勤耕耘，可到頭來，收穫的糧食大多數都要交給地主，全家只能過著飢寒交迫的日子，地主卻坐享其成。」

「可是哥哥，為什麼我們的社會存在著這麼多的不公平！」烏拉奇米爾憤怒地說。

「因為我們這個社會制度本身就不公平，它讓富人壓迫窮人，讓富人更富，窮人更窮。」亞歷山大也很激動。

「我明白了，因為沙皇是我們國家的統治者，這個社會全都屬於沙皇，不能屬於人民自己，擁有土地和工廠的人擁有特權，就可以用他們的特權來壓迫窮人。」

「對！」亞歷山大很贊成弟弟的話。

「應該有人來改變這個不公平的社會。」烏拉奇米爾瞪大眼睛望著亞歷山大，「我想起來了，前幾天上學的路上，我看見一個人在電線杆上貼了一條標語，寫著『殺死沙皇！』

看來很多人已經為了改變開始行動了。」

這一次亞歷山大沒有回答,他的心裡正燃燒著一團熊熊的火焰。

烏拉奇米爾現在還不知道,哥哥亞歷山大已經祕密地加入了一個民粹派組織,這個組織正想透過暗殺沙皇達到推翻沙俄統治的目的,把土地交還農民,把工廠交還工人,讓人民獲得管理國家的權利。然而這是亞歷山大一個人的祕密,直到他要犧牲的時候,大家才知道亞歷山大為這個不公平的社會做了些什麼。

「哥哥,我知道怎麼寫了!」烏拉奇米爾迅速準備好草稿紙,像往常那樣,把稿紙折成兩半,左邊寫提綱,右邊修改和補充,筆尖在紙上「沙沙沙」地不停寫著,像是在傾訴心中所有的不滿。薩沙站在一旁默默地看著,不時地點著頭……

烏拉奇米爾的〈人民生活不富裕的原因〉就這樣完成了,同時也受到了校長的警告。

由哥哥之死走上革命道路

一天,一個年輕人攔住了放學剛剛走出校門的烏拉奇米爾,對他說:「你是烏拉奇米爾吧!我從薇拉‧瓦西里耶夫娜那兒來,她叫你馬上到她那裡去,有急事。」

薇拉・瓦西里耶夫娜是位教師，也是烏拉奇米爾全家的好朋友。烏拉奇米爾飛快地奔去。

薇拉・瓦西里耶夫娜兩眼哭得通紅，雙唇顫抖，遞給烏拉奇米爾一封聖彼得堡的來信。信中寫道：

> 西元 1887 年 3 月 1 日。一幫大學生企圖謀害亞歷山大三世，沒有成功，學生被捕，亞歷山大・烏里亞諾夫也在其中。
>
> 「天啊！是亞歷山大，是哥哥！是眉目清秀、身材修長、多才多藝、目光深沉的亞歷山大！」烏拉奇米爾唸完信，久久地不能吐出一個字。他想，怎麼辦？該如何告訴母親亞歷山大被捕的消息？
>
> 就在一年多以前，1886 年的 1 月，55 歲的父親永遠地倒在了他的辦公室裡，全家一下子失去了物質和精神上的支撐，母親一夜之間蒼老了許多。而一年之後的今天，母親還能承受如此巨大的打擊嗎？

出乎意料的是，聽到兒子被捕的消息，瑪麗亞・亞歷山大羅夫娜・烏里亞諾娃沒有哭，非常的鎮靜，她只說了一句話：「我要去塞茲蘭，我要去看亞歷山大！」

母親出發了，出發前，烏拉奇米爾看到母親已異常消瘦。接著，就是無窮無盡地等待，一天、兩天、三天，在這些日子裡，烏拉奇米爾經常來到老皇冠上，那是伏爾加河邊的陡峭高岸，那是亞歷山大最後一次離家前，兄弟倆分手的

地方。

那天，對著高岸上遼闊的天空，烏拉奇米爾問亞歷山大：「哥，你最喜歡人的什麼品格？」

「愛勞動、有知識、誠實。」亞歷山大回答，他想了一會兒，補充說，「我認為，我們的父親就是這樣的人。」

烏拉奇米爾想起，亞歷山大在大學三年級時，因一篇題為〈淡水生物分裂器官構造研究〉的論文，被聖彼得堡大學提前聘為未來的學校教授，並頒發給他一枚金質獎章。暑假回家時，亞歷山大高興地把金燦燦的獎章別在母親的胸口。

那是西元 1885 年的暑假，烏拉奇米爾偷偷地閱讀亞歷山大從大學裡帶回來的馬克思的《資本論》，亞歷山大發現了，他告訴弟弟：「好好讀一讀他的書吧！我覺得他將是對全世界有影響的人。」

烏拉奇米爾在寫〈人民生活不富裕的原因〉那個夜晚，兄弟倆熱烈地討論，在奮筆疾書的烏拉奇米爾身旁，亞歷山大一邊看一邊點頭。

亞歷山大，我親愛的哥哥。你現在還好嗎？

這是烏拉奇米爾中學時代的最後一個春天。伏爾加河融化的冰雪、含苞的樹枝、清亮的鳥鳴，春天一切照舊，學習、考試、活動，烏拉奇米爾取得了一科又一科出色的成績。

生活一切照舊，然而在少年烏拉奇米爾的心中激盪著一

片波瀾起伏的海。

一個午後，烏拉奇米爾走在放學的路上，發現路燈桿旁圍了許多人。他走上前，看見路燈桿上貼了一張紙，幾個鄰居在人群裡看到他，趕快轉開臉。

烏拉奇米爾讀了布告，眼前一團漆黑。謀殺亞歷山大三世沙皇的5名大學生於5月8日被處決。亞歷山大被絞死了。哥哥！他們終於對亞歷山大下了毒手！

一個星期以後，母親從聖彼得堡回來了，烏拉奇米爾發現，母親的頭髮都白了，她病倒了。

從表姐夫馬特維・列昂季耶維奇口中，烏拉奇米爾知道了哥哥就義的經過：

> 亞歷山大被捕後，在審訊中不向當局提供任何供詞，把罪責都攬在自己身上，他把沙俄審判他的法庭當成揭露沙皇專制制度的講壇，昂揚的話語激動了人們的心。

母親三次懇求兒子給沙皇寫悔過書，以赦免死刑，但為了掩護其他同志，亞歷山大兩次拒絕了，最後面對著病體垂危的母親，他以對家庭、對母親的角度寫下了一份悔過書，卻始終不肯署上「忠實臣民」的字樣，保持了忠貞的氣節。

他和他的戰友正氣凜然地走上了絞刑臺，最終用鮮血實踐了壯烈的誓言。此時，亞歷山大僅僅21歲。

　　春天的一個黃昏，春天的伏爾加河無拘無束地把滿滿的河水送往裡海。西邊天際，晚霞如騰燃的烈焰，把天邊染成了火紅色。

　　烏拉奇米爾站在河邊凝視遠方，靜靜地想著：亞歷山大，你與沙皇不共戴天，你想殺死沙皇，你盼望生活制度終於改變的一天，盼望人民的日子變好。

　　但在六年前，在西元 1881 年，也是 3 月 1 日，民粹派革命者殺死了亞歷山大二世，人民的生活變好了嗎？沒有。

　　新沙皇亞歷山大三世坐到亞歷山大二世位置上，情況變好了嗎？一點也沒有！所以說，獨立的暗殺行動不可能從根本上解決問題，應該用另一種方法鬥爭。

　　自從哥哥被捕並處死刑以後，許多以前的親友都與他家疏遠了，因為和革命者的家庭維持友好關係具有危險。烏拉奇米爾哥哥的死加強了他的革命傾向，但是他探索的是一條和他哥哥不同的、跟專制制度作鬥爭的道路。

　　他哥哥的被殺使烏拉奇米爾不得不考慮他的終生事業。他清楚知道，必須反對的敵人是專制制度、地主、資產階級和一切剝削者。他知道純粹的文化教育工作不能推翻剝削者和解放人民。但是，他也知道採用恐怖手段無法取得勝利，只會造成阻礙。

　　民意黨人謀刺亞歷山大二世成功了，但是另一個沙皇又取而代之。

沙皇制度依然存在。許多高級的官吏被殺死了，但這並沒有摧毀沙皇、地主和資本家的政權。

而最重要的是，這種鬥爭方法對於組織勞動者毫無幫助，也不能讓他們對階級意識有所察覺，反而拖累改革，因為革命黨人的全部精力都浪費在恐怖活動上，破壞了革命黨人與人群的聯繫，讓革命黨人和全體民眾對於反對專制有了極其錯誤的觀念。

烏拉奇米爾看過哥哥手裡馬克思和恩格斯的著作。他向這些著作尋求指引，人們應該以怎樣的革命謀求解放？他如飢似渴地研究其他國家的革命歷史以及各民族過去反對專制制度和地主的鬥爭經驗。

參加集會被逮捕流放

西元 1887 年 6 月 10 日，烏拉奇米爾以優異的成績結業於辛比爾斯克中學，並獲得金質獎章。同年 8 月 25 日，他進入喀山大學法律系學習。

在這裡，思想進步的大學生互相聚集。烏拉奇米爾立即參加了一個革命小組，即薩馬拉同鄉會。

他們討論不合理的學校規章制度，討論大家應該要能自由讀書、自由討論、自由集會。很顯然，這些要求在當時的沙皇統治下不可能成為現實。

1887 年 12 月 16 日，喀山的大學生們紛紛來到喀山大學禮堂參加集會，要求廢除 1884 年大學生章程，廢除 1887 年 7 月國民教育部長頒布的不合理的規定。

烏拉奇米爾和其他幾位同學第一批湧入會場，他站在人群的最前列。師長的怒喝沒有把同學們嚇倒，校長長篇大論的勸說毫不奏效，同學們交上了他們的請願書，同時還有他們的學生證。當天，烏拉奇米爾被學校開除了學籍。

就在這天深夜，奉喀山省省長的命令，警察當局採取突擊行動，逮捕了烏拉奇米爾，由警察局長親自把他押往監獄。

「你還是一個小孩子，為什麼要犯法呢？是受了別人的影響，還是要為哥哥報仇？」

在押解烏拉奇米爾的馬車上，警察局長望著眼前這個毫無懼色的年輕人問道，「要知道，擋在你面前的是一堵牆，你為什麼要往牆上撞呢？」

「是的，」烏拉奇米爾毫不猶豫地回答，「是一堵牆，不過是一堵腐朽的牆，只要一推就會倒了！」

年輕人坦然的回答讓自認為老練的警察局長無言以對。沙皇統治下的俄羅斯一片黑暗，人民生活苦不堪言，這樣的統治就像一堵腐朽的牆，只要人們團結起來，終有一天會把它推倒，年輕的烏拉奇米爾堅信這一點。

烏拉奇米爾被當局流放到他們家曾經每年夏天都會去的的科庫什基諾。

在一個冬天的清晨，烏拉奇米爾提著一桿獵槍，來到科庫什基諾旁白雪皚皚的森林裡，他四下張望著尋找獵物。

運氣不錯，不一會兒，有一隻顏色火紅的小狐狸走到離他不遠的一棵柏樹下，左瞧瞧右看看，也在尋覓著自己的早餐。

烏拉奇米爾十分喜悅，他小心翼翼地蹲下身，端起獵槍，閉上一隻眼睛瞄準。

糟糕，槍該怎麼用來著？三天前，克拉辛大叔把這把嶄新的獵槍交給他的時候，詳細地告訴過他槍的用法，這幾天他廢寢忘食地讀書，滿腦子都在思考問題，竟然把怎麼用槍給忘了。

怎麼辦呢？他慢慢地回憶，努力地回想著那天克拉辛大叔所說的話。對，想起來了，可是當他高興地再次舉起槍瞄準的時候，發現柏樹下已經空空蕩蕩了，獵物不等人！他笑著搖了搖頭，站起身繼續往前走。

整個上午，烏拉奇米爾在林中東奔西走，四處伏擊，獵物碰到不少，蹦蹦跳跳的大灰兔、伶俐的小松鼠，還有一隻矮鹿，可他不是瞄準太慢，擔誤了時機，就是射擊射偏了，總之一隻獵物也沒逮到，兩手空空地走回家。

烏拉奇米爾在流放地的家是科庫什基諾村中一座孤零零的小屋,寒風呼嘯捲過房門,雪堆一直堆到窗口。烏拉奇米爾敲了敲屋門,門開了,一個年輕的女孩笑容滿面地迎接他。

「烏拉奇米爾,你今天該不是又空手而歸了吧?」女孩望著身背獵槍,兩手空空的烏拉奇米爾忍不住笑道。

「瞧你,安娜,就會譏笑別人。」烏拉奇米爾卸下身後的獵槍,接著說,「告訴你,我今天差一點打到大灰兔,要不是樹枝上那隻山雀是牠的同夥,給牠報了信,我們今天的飯桌上就又多一道美食了。」

「烏拉奇米爾,別誇大了,這隻兔子一定是你追了一個冬天的那隻,這一次又讓牠跑了。」女孩接過烏拉奇米爾脫下的外衣抖了幾下掛在牆上。

「天啊!安娜,你的嘴比刀子還厲害。」烏拉奇米爾攤開手掌,作出一副無可奈何的表情,兩人都笑了。

這個叫安娜的女孩就是烏拉奇米爾的姐姐。烏拉奇米爾被捕之後,在西元 1887 年 12 月被流放到科庫什基諾,姐姐安娜也受到了哥哥事件的牽連被流放到這裡。

在科庫什基諾,姐弟倆成了好夥伴,母親一有空就到科庫什基諾來探望他們,帶來食品和衣物。

安娜坐在自己的床上,一邊縫紉,一邊對坐在窗前讀書

的烏拉奇米爾說：「雖然在科庫什基諾的冬天很單調，可我覺得我們的日子過得很充實。」

「是啊！無論生活在哪裡，快樂和充實都要靠自己去尋找。」烏拉奇米爾放下手裡的書，對安娜說。

「首先得感謝姨父在這裡留下這麼多好書，真是太美妙了。其中車爾尼雪夫斯基的《怎麼辦》，我一連讀了五遍，每一遍都有新的收穫，那個為人民爭取幸福和自由的革命者的形象塑造得太成功了！」烏拉奇米爾感嘆道。

「瞧你整天埋頭苦讀，不怕變成書呆子嗎！」安娜忍不住又嘲笑弟弟，不過其實她心裡知道，弟弟是最會調節生活的人。

「安娜，難道你自己不讀書嗎？何況讀累了的時候，我們可以到凍結的烏什尼亞河上溜冰。你看，我隔幾天還到大森林裡打獵，能不能打到獵物並不重要，重要的是能活動筋骨、鍛鍊身體，我們的生活難道不豐富嗎？」

安娜點點頭說：「不過，我們不自由，不能去別的地方，還受到警察的監視。」

「也沒錯，」烏拉奇米爾表示贊同，「雖然行動不自由，可我們在精神上是自由的，有了書籍和豐富多彩的生活，艱苦的環境就打不垮我們。」

在流放的日子裡，烏拉奇米爾閱讀了大量講述民主與進

步的書籍，走上革命之路的決心越來越堅定。

西元 1888 年 9 月，流放結束後，烏拉奇米爾回到喀山，並參加俄國第一批馬克思主義者尼·葉·費多謝耶夫的小組，學習馬克思主義。

烏拉奇米爾還開始研究馬克思的《資本論》第一卷，加強研習幾種外國語，尤其是德語，為的是讀馬克思和恩格斯的著作，因為這些著作大部分還沒有譯成俄文。

同時，烏拉奇米爾還仔細閱讀了祕密出版的俄國革命書籍，特別是站在社會民主主義立場的「勞動解放社」出版物。這個團體由普列漢諾夫等人 1883 年在國外創立的，在俄國廣泛宣傳馬克思主義。

徹底研究馬克思著作

西元 1889 年，烏拉奇米爾移居薩馬拉。他在這裡住了四年半，這正是他埋頭讀書的時候。烏拉奇米爾夏天住在薩馬拉附近鄉間，繼續致力於研究。

薩馬拉在伏爾加河的右岸，是與這條大河並行最長的城市，沿岸長達 50 公里，僅與河岸平行的伏爾加河大街就長達 5 公里，連著名劇作家奧斯特洛夫斯基都驚嘆：「至美不過伏爾加沿河大街！」薩馬拉的意思就是河流和草原。「拉」是希臘語，伏爾加河的舊稱。的確，這裡與其他城市不同，除

坐擁大片森林，郊野還有廣袤的草原。

　　烏拉奇米爾在菩提樹密林中為自己搭了一個隱蔽的窩棚，裡面放著凳子和桌子。吃完早飯，他就帶著一大堆書到那裡去，一直工作到吃午飯的時候。吃完午飯，他帶著一些關於社會問題的書，仍舊到那個地方去。晚上，烏拉奇米爾在散步和游泳以後，又拿一本書坐在走廊裡一張放著燈的桌子旁邊。

　　烏拉奇米爾懂得工作，也懂得休息。除了長途散步以外，他還做其他運動。在院子一角靠近桌子的地方，他立了一個槓，在兩根柱子上搭一根橫木，有 7 英呎高。他按時在這裡運動。

　　他另一個愛好是下棋。他八九歲時就開始與父親下棋，下得很認真，要求嚴格遵守規則：不准悔棋，下一步算一步。他對贏棋興趣不深，更讓他感興趣的是競爭的緊張和擺脫困境的能力。他只在晚間，晚飯以後才下棋，上午總是埋頭認真讀書。

　　烏拉奇米爾為人勤奮，也總是樂意幫助別人。除了幫助他的同志們學習，還幫助妹妹瑪麗亞學語言，不過烏拉奇米爾堅持她得盡可能自己努力，只有在遇到特殊困難時，才能找別人幫助。幫助妹妹準備功課時，他總是要求她按部就班，認真對待作業，凡是做得草率馬虎的都要她重做。

　　住在薩馬拉的時期，烏拉奇米爾從各個角度研究了馬克思的著作，作為自己參加革命的準備。他開始掌握馬克思主義的精髓，所以後來才能夠進一步拓展並應用。

　　烏拉奇米爾繼承了馬克思的事業。後來，他在說明馬克思和恩格斯學說的本質時寫道：

> 馬克思和恩格斯影響世界歷史的壯舉，在於他們向各國無產者指出了無產者的作用、任務和使命，就是成為對抗資本的先鋒，並在這場戰鬥中團結一切被剝削的勞動群眾。
> 馬克思的著作是烏拉奇米爾實踐革命的理論與基石。
> 馬克思筆下無產階級勝利的道路指明了俄國無產階級必須怎樣革命。

　　除了研究馬克思著作和革命運動，烏拉奇米爾還必須通曉俄國經濟的特殊之處。他仔細研究了當時俄國的經濟情況，以及俄國和國外工人階級的生活、各方的工人運動情形。他預計在無產階級中積極活動，團結勞動者推翻專制制度和資本主義。

　　在薩馬拉，烏拉奇米爾仔細研究統計資料後，寫了他第一篇論述俄國農民生活狀況的著作。在這篇論文裡，他指出資本主義已經侵入俄國農業，農民分出階級，不再像民粹派所說的那樣是一個「整體」了。

　　烏拉奇米爾夏天時住在薩馬拉附近的鄉村，在那裡，他

不僅仔細觀察各階層民眾的生活狀況,而且常常與他們長談,提出問題,仔細聽他們說話。同一時期,他還熟悉了馬克思主義反對者的著作,不止一次在會議上猛烈抨擊他們的觀點。

烏拉奇米爾在空閒、吃午飯或者散步時,總是談笑風生,以他的笑聲和活力感染每一個人。那幾年在薩馬拉見過烏拉奇米爾的人這樣描寫他:「最引人注目的是他的大頭和白而寬的前額。他略小的眼睛似乎老是眯著,他的眼光嚴肅、沉思、凝視。一個略帶譏刺味道的微笑掛在他薄薄的嘴唇上。」

烏拉奇米爾對與他接觸的人們產生如同磁石般的吸引力,人們與他談話以後常常感到異常喜悅、振奮。

在薩馬拉,烏拉奇米爾已經成為一個馬克思主義革命家,找到自己一生的目標。但是,在薩馬拉沒有為革命付出的機會。烏拉奇米爾渴望到革命的中心、到大工業的中心去。

懲治富商伸張正義

西元 1891 年 12 月烏拉奇米爾獲得了助理律師的資格,在薩馬拉省從事律師的辯護工作。他考取了律師資格,也擁有文憑,因此可以註冊為律師助手。

　　註冊完律師助手，烏拉奇米爾回到了薩馬拉。律師一行雖然收入微薄，他卻可以獨立生活了。

　　一天黃昏，一群漁夫停好船，走上回家的路。其中一個漁夫說：「馬爾克，真要恭喜你，打贏了和地頭蛇阿列非耶夫的官司。」

　　那個被稱作馬爾克的漁夫高興地點了點說：「真要感謝烏拉奇米爾律師呢！要是沒有他為我們主持公道，我們怎麼能夠戰勝有錢有勢的阿列非耶夫。」

　　「哎！馬爾克，給我們講講烏拉奇米爾律師和這場官司的故事吧！我還沒聽過呢！」一個年輕的漁夫說。

　　「好吧！那我就再講一遍。」

　　馬爾克逢人便講烏拉奇米爾律師為民伸張正義的故事。烏拉奇米爾的大名已經在村民中傳開。

　　事情要說回那天早晨，馬爾克正在岸邊拾掇漁網，準備過一會到伏爾加河上去捕魚。有兩個打扮整齊的年輕人來到他的船旁：「請問，能捎我們到河對岸的別斯圖熱夫卡村去嗎？」其中一個額頭寬寬的年輕人問。

　　「不行，不行，」馬爾克趕緊擺擺手，「我們的船只捕魚，不能載人。」

　　「為什麼？」另一個年紀稍大的年輕人問道，「我們付的錢一定比你捕一網魚賺得多。」

「也不行。」馬爾克態度很堅決，他用手向左側碼頭上的一個小涼亭指了指。只見那裡有一個穿得挺闊綽的人正坐著喝茶，身邊站著幾個隨從打扮的人。「那是阿列非耶夫老爺，我們這裡的富商，」馬爾克說。

「我們這個渡口已經被他包下了，乘客和貨物要渡到對岸去，只能由他家的船運送，我們如果偷偷用自己的船捎客人過河，被他發現了，就沒有好日子過了，說不定，他就再也不讓我們在這裡打魚了。」

「豈有此理。」那個寬額頭的年輕人氣憤地說。「伏爾加河是屬於國家的，行船人靠河吃飯，他根本沒權利這麼做。你們應該聯合起來到法院告他。」

「告他。」馬爾克嘆了口氣說：「不瞞您說，他在塞茲蘭這一帶神通廣大，那些法官大約都是他的熟人，誰能告得倒他？恐怕只有給自己帶來更多的麻煩。」

「請您相信我。」寬額頭的年輕人拍了拍自己的胸脯說：「我是薩馬拉地區法院的律師助理，我叫烏拉奇米爾，這位是我的姐夫葉利扎羅夫。」

他指了指身旁年紀稍長的青年說，「我們要到別斯圖熱夫卡村去看姐夫的哥哥，想不到卻碰到這種事。他的做法是違法的，請您帶我們過河，如果他強迫我們回去的話，我要讓他因為自己的不法行為而坐牢。」

馬爾克疑惑地打量了一下面前的這位年輕人，只見他大約20出頭的年紀，個頭不高，但身體很結實，面龐紅潤，嘴上有一點鬍鬚。他最引人注目的地方是他寬闊而飽滿的額頭。一雙略小的眼睛彷彿總是瞇著，目光嚴峻深沉，像是在凝神思索。

雖然年輕，但他那坦誠的話語和親切的目光讓人的信任感油然而生。馬爾克略微思考了一下，終於答應用船載他們過河。

小船剛剛駛出碼頭，就被阿列非耶夫發現了，他從涼亭站起走出，陰陽怪氣向馬爾克的小船喊道：「馬爾克‧季莫弗耶夫，別胡鬧！你知道這個渡口是我花錢買的，我絕不允許別人把乘客擺渡到對岸去。趕快把你的那位客人帶回來，否則我就吩咐人把你們弄回來！」

馬爾克猶豫地看了看烏拉奇米爾說：「我看還是回去吧！這是白費力，他的輪船很快就會趕上來。」

烏拉奇米爾搖搖頭說：「不必理他，繼續開！擺渡乘客是你們的正當權利，誰也沒有權力阻止。」

小船剛開到河中心，背後忽然傳來輪船的汽笛聲，阿列非耶夫果然派輪船追上來，馬爾克沮喪地說：「您看，現在不得不回去了，要是被他抓住，我就要倒楣了。」

不大一會兒，小船停了下來。烏拉奇米爾回頭一看，輪

船就在小船之後，兩三個水手從船篙把小船鉤在輪船的舷上，小船因此不動了。

「你們雖然包了渡口，但無權阻止乘客坐別的船過河，你們這樣做是要坐牢的！」烏拉奇米爾生氣地警告他們。

「我不管這一套。」船長蠻橫地回答，「我們老爺說的話就是王法。」

過了一會兒，輪船把小船拖回了岸邊。烏拉奇米爾悄悄地掏出小筆記本，把這起事件的時間、地點和參與者的姓名都記錄下來。

馬爾克用埋怨的眼光看著烏拉奇米爾。烏拉奇米爾看到了，走過去對他說：「不要怕，我一定要為你討回公道。」

「馬爾克和阿列非耶夫這樣的大財主打官司，一定很困難吧！」年輕漁夫的話打斷了馬爾克剛才的回憶。

「可不是嗎！」馬爾克說，「烏拉奇米爾律師回到了薩馬拉，就馬上向法院控告了阿列非耶夫，可是阿列非耶夫買通法官，審理案件一拖再拖，烏拉奇米爾律師堅持申訴都沒什麼結果。直到西元 1892 年冬天第三次開庭，烏拉奇米爾律師為及時趕到法庭，必須深夜趕到火車站等車，他媽媽怕那幫人心狠手辣，會對他下毒手，勸他不要再管這件事。可烏拉奇米爾律師說，既然他答應要為我主持公道，就一定要堅持到底。後來在他的不斷努力下，我們終於贏了，地方長官

不得不判阿列非耶夫監禁一個月，他的船長監禁一週。」

「烏拉奇米爾律師真是個好人呢！」漁夫們感嘆道，「下回再有不平事，我們還要找他幫助。」

正當人們為烏拉奇米爾懲治富商大快人心的事奔走相告的時候，烏拉奇米爾心中卻充滿了憂慮。在沙皇統治的國家裡，官官相護，有錢人能收買法官，左右審判。

雖然他替馬爾克主持了公道，但是在全國又有多少有權勢的人仗勢欺人，有多少正義不能伸張，要想改變這種狀況，一件一件解決案件遠遠不夠。必須從根本上改變這個社會，讓人民當家做主，成為國家主人，財主、富商就再也不能作威作福，這種不公道的事就再也不會發生！

助理律師的經歷，使烏拉奇米爾更加認清了俄國社會的黑暗，勞動人民生活的困苦。1892 年，他親自集結並領導薩馬拉馬克思主義小組，開始在廣大人民中間傳播馬克思主義。

到聖彼得堡去演講

西元 1893 年 8 月，烏拉奇米爾告別了薩馬拉省，以律師助理的身分從薩馬拉來到了大城市聖彼得堡，化名尼古拉·彼得羅維奇，開始了他的革命。這時，他只有 23 歲，住在聖彼得堡謝爾吉也夫斯卡亞街 58 號。

　　沙皇透過他的省長、警察和憲兵，從聖彼得堡統治著整個俄國。許多大工廠集中在那裡。那時，聖彼得堡工人的教育程度比俄國其他地區的無產者要高。那裡有祕密的革命小組，大小罷工和工人騷動經常發生。

　　那時，俄國的無產階級工人約有兩百萬。大多數工人都住在大工業中心：聖彼得堡、莫斯科、伊凡諾沃 —— 沃茲涅先斯克、巴庫、頓巴斯等地。

　　19 世紀最後十年，俄國工業迅速發展。煤、石油、生鐵、鋼和紡織品的產量大量增加。工業的發展推動了工人罷工運動的高漲。

　　烏拉奇米爾一到聖彼得堡，就與當地在工人中宣傳的祕密馬克思主義小組聯繫上。首先是與所謂「老頭子」小組取得了聯繫。小組中有斯·拉德琴柯、格·克拉辛和格·克爾日札諾夫斯基等人。

　　烏拉奇米爾經常要小組成員深入工廠，認真仔細研究工人們的革命動向和訴求。凡是那幾年認識烏拉奇米爾的人，都一致證明這位年輕人在聖彼得堡祕密馬克思主義小組裡給人的深刻印象。

　　令人們驚異的是他的博學，還有他的革命熱情和他對工人階級事業的高度獻身精神。他以不倦的精力和年輕人的熱誠投身革命，並立刻站到最前線，成為工人運動的領袖。他

強調必須無情鬥爭工人階級的一切敵人，毫不讓步。

　　烏拉奇米爾開始認識革命小組的全部領導層，他仔細觀察他們，從中挑選戰友，鍛鍊他們，並以共同目標將他們團結起來。

　　在西元 1893 至 1894 年的冬天，烏拉奇米爾為了建立一個馬克思主義者的基本核心團體，開始發表演講。在這些演講之後的討論中，很快就能分辨哪些人是動搖的、哪些人想駁倒馬克思，或者在馬克思的學說之上主張修正主義。在圍繞這些演講展開的理論鬥爭中，烏拉奇米爾識別了他的朋友和敵人，開始團結了一批同志。

　　烏拉奇米爾的第一篇講稿〈論所謂市場問題〉指出俄國成長中的資本主義的矛盾，他還指出，無產階級革命家的基本任務是在俄國掀起一個有組織的工人運動。

　　烏拉奇米爾根據馬克思在《資本論》第一卷中所揭示，不變資本比可變資本成長更快的規律，把技術進步的因素納入到自己制定的再生產公式中，得出結論是：

> 在資本主義社會中，生產要素的生產比消費品的生產成長得更快。其中製造生產要素的生產要素生產成長速度最快，製造消費品的生產要素次之，成長最慢的是消費品的生產。
>
> 市場和社會分工是分不開的，因為社會分工是商品生產和資本主義的前提。哪裡有社會分工和商品生產，

哪裡就有市場，而且市場的容量與社會勞動專業化的
程度有不可分割的關聯。

烏拉奇米爾根據馬克思關於分工與市場關係的觀點，指
出了小型經濟的破產和衰落以及大規模的經濟擴大發展，這
兩個過程都促進了國內市場的擴大。

烏拉奇米爾闡明了關於商品生產和資本主義生產的概
念，指出了它們之間的聯繫和分際，論證了從自然經濟到商
品經濟，以及由商品經濟轉變為資本主義經濟的原理。

烏拉奇米爾的〈論所謂市場問題〉結合俄國社會經濟的
實際情況和資料，闡明了俄國資本主義形成的過程，從而把
馬克思關於資本主義產生的學說更加具體化了。

西元 1893 年 12 月，烏拉奇米爾到莫斯科住了幾個星
期。在莫斯科時，烏拉奇米爾遇到反對民粹派的領袖沃龍
佐夫。

這事發生在由沃龍佐夫演說的一個集會上，到會的大多
數是民粹派。他演講時烏拉奇米爾說了幾句尖銳諷刺的插
話，這些話大大觸怒了民粹派。沃龍佐夫演講完畢，烏拉奇
米爾走上講臺發表他的反對意見。這位青年馬克思主義者
的演講有感人的說服力，讓每個到會的人留下極為深刻的
印象。

烏拉奇米爾的演講對於馬克思主義革命理論和實踐有巨

大影響，使人有一種不能不信服的印象。

當時，少有人像他那樣懂得怎樣把馬克思的深刻知識應用於解決俄國經濟問題。多年以後，不論是布爾什維克主義的敵人或擁護者，都還常常提到他這些演講。

為工人講解馬克思主義

西元 1894 年 7 月的一天，聖彼得堡地區的一個工人小組正在小組負責人克里亞澤夫家裡舉行活動，化名尼古拉·彼得羅維奇的烏拉奇米爾正在進行演講。演講的中心內容是工人應該怎樣與資本家鬥爭。

「朋友們，咱們為什麼要與資本家鬥爭？」寬額頭、目光炯炯的尼古拉·彼得羅維奇站在工人面前問。

「因為他們要我們早出晚歸為他們工作，卻不給我們應得的報酬，我們養活不了全家！」一個人喊道。其他人也附和。

「對。但我們為什麼要聽資本家的命令？」尼古拉·彼得羅維奇又問大家。

克里亞澤夫在一旁回答：「因為資本家擁有機器、原料和廠房，我們沒有這些東西，就必須為他們工作來獲得薪水。」

「很好！那麼，大家覺得應該怎樣同資本家鬥爭？」

「砸掉他們的機器、廠房和原料，讓他們破費一大筆

錢！」一個工人氣憤地說。「對！」臺下有好多聲音響應。

「工人兄弟們，」尼古拉‧彼得羅維奇用洪亮的聲音呼喚大家，「你們說的這種方法，很多國家，甚至我們國家很多工廠的工人已經用過了，你們知道結果怎麼樣嗎？」

工人們有的面面相覷，有的小聲猜測。

「破壞這些生產資料的工人都被解僱，資本家又重新購買了機器和原料，重新僱傭了另一批工人進行生產。」尼古拉‧彼得羅維奇告訴大家，「而那些被解僱的工人只能重新尋找工作，技術好的可能重新被別的資本家僱傭。技術差的可能就一直失業！」

「這真不公平！」又有人說，「那我們就罷工，沒人替他們生產，看他們怎麼辦！」

「這樣做的結果可能有兩個，資本家或許答應工人們的要求為他們調薪，但生產因素始終掌握在資本家手裡。他們不可能對工人的每一個要求讓步。」

「或者把罷工工人解僱。僱傭一批新的工人，大家都知道，社會上還有很多失業的人等著得到這份工作，資本家可以利用這一點威脅現在還在職的工人聽他們的話。即使資本家同意為工人們調薪，他還能以延長工作時間、增加工作強度等其他辦法變相壓迫工人。」

「那我們豈不是沒有活路了！」工人們氣憤地說。

「因為我們這個社會就是資本家說了算，工人們不是受僱於這個資本家，就是受僱於那個資本家，情況根本不會有什麼不同！」尼古拉·彼得羅維奇說。

「那我們應該怎麼辦？」工人們一齊問。

「改造這個社會！」彼得羅維奇斬釘截鐵地說，「罷工、破壞機器和廠房、要求資本家調薪，這些行動屬於經濟鬥爭。想從根本上改變工人受壓迫的地位，光靠經濟鬥爭是不夠的，還要進行政治鬥爭！」

「什麼是政治鬥爭？」工人們問。

「就是全國的工人團結起來、全國的農民團結起來，組成聯盟，形成無堅不摧的力量，和當權的資本家、政府進行鬥爭。」

尼古拉·彼得羅維奇的眼中閃出希望的神采，「把國家掌握在我們手中，讓工人、農民當家做主，我們就能從根本上改變受壓迫的地位。我們建立的這個人民當家做主的社會，就叫社會主義社會，將來這個社會成長壯大了，就是共產主義社會。在這個社會裡，人人都享有自由、平等、幸福的生活。」

「這太美好了，會實現嗎？」工人們問。

「只要我們把更多的力量團結起來，堅持和少數的資本家、農奴主、貴族鬥爭，就一定能實現。」尼古拉·彼得羅維

奇堅定的話語鼓舞了工人們的心。

「您說的太好了！這些您是怎麼想到的？」工人們問。

「這些不是我想到的，是兩個偉大的人用他們理性的構想總結、實踐出來的，他們就是德國的馬克思和恩格斯；他們的著作《資本論》和《共產宣言》等，就是指示我們前進的明燈！」

「為我們講講他們吧！」工人們興奮地要求。

時間一分一秒地過去，尼古拉·彼得羅維奇用深入淺出的話語為工人們解說馬克思主義。工人們聚精會神地聽著，生怕漏掉一個字。

他們聽過很多場報告，但是沒有一場像尼古拉·彼得羅維奇的報告如此精彩、如此接近他們的生活。這是他們第一次和尼古拉·彼得羅維奇見面，但在他們心中，這個寬額頭、目光炯炯的年輕人已經成了他們的領袖。

「時間不早了，我得走了。」尼古拉·彼得羅維奇看了一下自己的表說，「我還要到別的小組去講課。」

「尼古拉·彼得羅維奇，您的演講太貼近我們生活，太精彩了！」「您的口才太棒了！」工人們由衷地說。

「下次，您什麼時候還能為我們上課？」工人們急切地問。

「我很快會再回到你們之中。」

工人熱烈地鼓起掌，在不息的掌聲中，尼古拉·彼得羅維奇離開克里亞澤夫的家。

由於他的努力卓有成效，很快便在群眾中建立起威信。聖彼得堡的革命協會「工人階級解放鬥爭協會」也終於在西元 1895 年 9 月正式建立。

成立協會展開鬥爭

西元 1895 年 9 月，在學識豐富的馬克思主義者烏拉奇米爾不懈努力之下，聖彼得堡的革命協會，即工人階級解放鬥爭協會，終於正式建立了。

烏拉奇米爾剛到聖彼得堡時，這位新來的馬克思主義者把人們當時困惑的市場問題講得格外具體，他把這個問題與群眾利益聯繫起來講解。在他對整個問題的看法中，能令人感覺到馬克思主義的靈活，能從具體環境和發展中考察一切現象。

烏拉奇米爾把自己鍛鍊得異常冷靜，善於正視現實，一分鐘也不受漂亮的詞句和空想所迷惑，對待一切問題都極其誠實。

烏拉奇米爾將他一場又一場的演講總結，寫成了他的第一本書，名字叫《什麼是「人民之友」，以及他們如何攻擊社會民主主義者》。他在協會小組裡宣讀了這篇著作。這本

書明確提出了鬥爭的目標。

這本書是對民粹派的第一次重要的進攻。烏拉奇米爾認為必須先針對民粹派的理論打擊。因為正是這種理論，以其敵視馬克思主義的態度，阻擋工人運動的道路、阻礙無產階級政黨的建立。

民粹派認為俄國沒有資本主義，而且俄國也不按照資本主義的路線發展。他們認為「代表俄國未來的人是農民」。工人運動使民粹派驚惶失措，跳出來反對工人的階級鬥爭。民粹主義是一種典型的小布爾喬亞理論，代表了富裕農民的利益。

烏拉奇米爾和其他馬克思主義者堅定反對民粹派理論，指出俄國已經存在資本主義，而只有在社會民主黨領導下的工人才能推翻。烏拉奇米爾說：

> 代表俄國的未來的是工人。俄國工人是俄國全體被剝削勞動者唯一和天然的代表。工人的勞動條件和生活環境本身就在組織他們，迫使他們動腦，並給他們走上政治鬥爭舞臺的可能。工廠工人是俄國整個被剝削人民的主要代表，是被壓迫者在革命鬥爭中的領袖，要與資本主義堅決鬥爭。

烏拉奇米爾就這樣逐步駁斥民粹派的理論，對它們尖銳批評，並且用馬克思的學說加以反對。

民粹派的理論以前從來沒有受過這樣無情、無可反駁的

批評。馬克思主義在俄國與民粹主義的鬥爭中經受了鍛鍊。在《什麼是「人民之友」》抄本的末尾，烏拉奇米爾以這樣的預言作了結束：

> 俄國工人就能率領一切民主參與者推翻專制制度，並引導俄國無產階級沿著公開政治鬥爭的大道走向共產主義革命。

《什麼是「人民之友」，以及他們如何攻擊社會民主主義者》書上沒有署名，膠印出版之後在大家手裡流傳著，代號是「黃筆記本」。讀的人相當多。這本書是把革命的社會民主主義的觀點闡述得最好、最有力、最完整的一本書。毫無疑問，它對當時信仰馬克思主義的青年產生了強烈影響。

不過，民粹派並不是工人革命唯一的敵人。馬克思主義有某些「朋友」，但工人運動卻必須擺脫這些「朋友」。有一個由司徒盧威領導的所謂「合法馬克思主義」團體，他們自稱為馬克思主義者，反對民粹派，但同時對馬克思主義也有自己的主張，與列寧的主張並不相容。

司徒盧威在與民粹派的爭論中，也指出俄國有正在成長的資本主義存在。但是司徒盧威並沒有得出任何為社會主義拚搏的結論，他與工人運動離得很遠，因此司徒盧威也表明自己是資本家的幫兇。

在研究小組裡，烏拉奇米爾尖銳抨擊司徒盧威。後來，

烏拉奇米爾在他的重要著作《民粹主義的經濟內容及其在司徒盧威先生的書中受到的批評》裡揭露了所謂「合法馬克思主義者」的資產階級本質。

司徒盧威不久就成了自由派的首領，他希望把沙皇權力限制到足以加強資產階級地位的程度，又不願讓無產階級帶領革命。在第一次革命失敗之後，自由派就向沙皇屈膝。在蘇維埃政權建立以後，司徒盧威和他的追隨者已在保皇黨和反革命派的陣營裡，他們成了蘇維埃政權之敵。

烏拉奇米爾嚴厲地抨擊司徒盧威，他始終如一的馬克思主義和真正無產階級的革命主義，已經表現出來了。

在聖彼得堡的工人階級解放鬥爭協會，烏拉奇米爾對每個能表明工人生活狀況的細小事情都感興趣，力求根據一個個細小特徵來了解工人生活的全部，試圖找到可以為他所用的部份，以便用於向工人宣傳革命。

那時，大部分知識分子都不大了解工人，知識分子到工人小組裡上課像來演講一樣。於是，烏拉奇米爾把恩格斯的《家庭、私有制和國家的起源》譯文手抄本發給工人小組，小組成員用很長時間學習。

烏拉奇米爾為工人們講馬克思的《資本論》，前一半上課時間用來講解，後一半上課時間用來詳細了解工人的工作內容和勞動環境，並向工人們說明他們的生活與整個社會結

構的關係，告訴他們怎樣、用什麼方法可以改造現存制度。理論與實踐相結合，這是烏拉奇米爾在工人小組中講課的特點。小組的其他組員也漸漸地開始採取這種方法了。

烏拉奇米爾還專門研究了工廠法，他認為講解這種法律比較容易向工人們闡明他們的地位與國家制度的關係。這些研究結果表現在當時他為工人們寫出的眾多論文和手冊中，如〈新工廠法〉這本手冊，以及《談談罷工》、《論工業法庭》等論文。

烏拉奇米爾是整個小組中對祕密工作最熟練的人：他熟悉有暗巷的院子、善於巧妙愚弄密探、教大家用化學方法在書上寫字、怎樣在書上加點、怎樣做暗號，還想出了許多代稱。總之，他掌握了一整套本事，運用純熟。

烏拉奇米爾這一時期在聖彼得堡進行了非常重要，但實際上並不顯著、不為人注意的工作。他自己就是如此評論這一時期的行動。從表面上看，這個時期的工作並沒有效果。但問題並不在於建立英雄的功勳，而在於怎樣與群眾建立密切關係、怎樣接近群眾、學會表達群眾的願望、使群眾感到親切並願意接受他們、學會領導群眾。正是在聖彼得堡工作的這一時期，鍛鍊烏拉奇米爾成了工人群眾的領袖。

結識同舟共濟的革命伴侶

烏拉奇米爾細心地物色那些有助於革命的人。有一次，

根據他的提議召開小組代表與星期日夜校女教師小組的會議。後來，這些女教師幾乎都成了社會民主主義者。

在這期間，娜杰日達·康斯坦丁諾夫娜·克魯普斯卡婭作為鬥爭協會成員之一走進了烏拉奇米爾的生活。克魯普斯卡婭在馬克思主義小組的活動中初識烏拉奇米爾。她是烏拉奇米爾的好夥伴，更是他的好戰友。這時的克魯普斯卡婭正在斯摩梭斯克的工人夜校教書，從來不收取任何報酬。

克魯普斯卡婭是個很時髦的女孩，敢讀禁書、思想激進。「讀卡爾·馬克思如飲清泉，強力的工人運動就是出路。」這是 24 歲的克魯普斯卡婭寫下的心得。

克魯普斯卡婭出身貴族，但幼時便因故轉落清貧，對裙子、化妝品等不感興趣，認為它們都是虛榮的東西。況且她那時根本就沒有錢去買這些「奢侈品」，然而她在思想上非常「時尚」，成為同齡人中的頭號革命青年。

克魯普斯卡婭的母親溫和善良，是宗教學校的老師。父親曾在波蘭任職，因為保護波蘭人而被投入監獄，也因此使一家從貴族失勢。他在十年後獲釋，但不久便告別人間。克魯普斯卡婭既繼承了母親的溫柔稟性，嚮往家庭生活的溫暖，又繼承了父親的反抗精神，毅然投身於革命的滾滾洪流。

她在回憶錄中寫道：「聚集了很多人，談論的話題是革命

道路……」在克魯普斯卡婭的心中，革命占據了全部。她愛上的不只是烏拉奇米爾，更是革命的領袖。她準備跟著領袖革命到底。

一天，烏拉奇米爾正在聖彼得堡公共圖書館裡翻閱資料，一邊看一邊做著摘錄。這時，一個人從他身邊經過，在他的書上放了一張小紙條。

烏拉奇米爾抬頭望了一下四周，沒有被人發現。他打開小紙條，只見上面寫著：「老頭子，樓下有新鮮鰻魚，快下來。」他微微一笑，合上書，放回到原處，把筆記本塞進大衣內口袋裡，走出閱覽室。

紙條上的「老頭子」就是烏拉奇米爾，是他在「工人階級解放鬥爭協會」裡的代號。為了防止「鬥爭協會」的行動被密探們發現，協會成員身分暴露，成員們都取了奇怪的代號。人們叫烏拉奇米爾「老頭子」，是因為他聰明睿智，高瞻遠矚，值得信賴。而「鰻魚」，則是克魯普斯卡婭的代號，她也是「鬥爭協會」的成員之一。

公共圖書館樓下是亞歷山大花園。進入隆冬，花草凋零，幾場雪過後，樹木披上冬天的盛裝，像童話裡所說的聖誕老人一樣。烏拉奇米爾剛走出圖書館，就看到在亞歷山大花園裡散步的克魯普斯卡婭。她穿了一件皮襖，一頂毛帽蓋不住髮辮，她的手裡拿著一本筆記本。

「嘿，你好！」烏拉奇米爾走上去。

克魯普斯卡婭抬頭看見他，也走過去。兩人一起走到了長長的涅瓦大街上，然後，克魯普斯卡婭挽起了烏拉奇米爾的手臂。

「圖書館裡的工作順利嗎？」克魯普斯卡婭一邊問，手裡也沒有停止動作，她迅速地把筆記本塞進烏拉奇米爾的袖子裡。

「很好。」烏拉奇米爾一邊回答，一邊把筆記本朝袖口裡塞。他知道筆記本裡記錄的是工人們可憐的生活情況，而這些正是他寫傳單時要用到的資料。

「情況可靠？」

「可靠。」

「謝謝！」烏拉奇米爾說。

「最近給『孩子們』上課，他們都說，講的內容比以前好理解多了。」克魯普斯卡婭說，「真得感謝你對我的幫助和提示。」

烏拉奇米爾笑了。克魯普斯卡婭說的「孩子們」指的是在夜校學習的工人。克魯普斯卡婭給夜校的工人們上課，講馬克思主義，但工人們反映理論性太強，他們有些聽不懂。

這時，烏拉奇米爾就建議克魯普斯卡婭把理論內容變成淺顯易懂、又貼近工人生活的小故事講出來。她就自己編了

幾個例子，想不到收到了良好的效果。克魯普斯卡婭用欽佩的目光望著他。

「沒什麼，」烏拉奇米爾回答，「這都是我以前為『孩子們』演講總結出的經驗。」

兩個人心有靈犀，一起開心地笑起來。

和這個普通、嚴肅的女孩打交道，烏拉奇米爾感覺好極了。克魯普斯卡婭溫柔賢淑、品格高尚，對革命事業忠貞不渝，對同志關懷備至。儘管他們相識不久，但烏拉奇米爾覺得，他們彷彿已認識了很長時間。他喜歡和她交流想法，她很樂於幫助他，他們有著共同的觀點、共同的理想、共同的事業，兩顆年輕的心在逐漸貼近。

後來，克魯普斯卡婭被關進監獄，烏拉奇米爾則被流放到舒申斯科耶。雖然相距遙遠，但兩人鴻雁傳情，書信不斷。

西元 1898 年，克魯普斯卡婭來到舒申斯科耶，兩人在流放地舉行了婚禮。在以後長達 26 年的婚姻生活中，兩人互敬互愛，珠聯璧合，同舟共濟，成為一對革命伴侶。克魯普斯卡婭還兼任丈夫的祕書，負責寫宣傳冊，主持宣傳工作。

在烏拉奇米爾最後的日子裡，克魯普斯卡婭日夜陪伴在他身邊。烏拉奇米爾死後，她非常痛苦，向黨中央寫信放棄繼承丈夫的所有遺產。據後人描述，克魯普斯卡婭在烏拉奇米爾的葬禮上沒有流一滴眼淚，但熟悉她的人說，她曾經想

要自殺。

　　作為革命領袖的遺孀不可能自殺，最後她比丈夫多活了15年。西元1939年她過生日的時候，史達林派人送來蛋糕，第二天，她就去世了。流亡墨西哥的托洛茨基寫道：「克魯普斯卡婭不僅是列寧的妻子，她自己也是個偉人。她忠於革命，富有能力，為人真誠。她無疑是個聰明的人，堅信列寧思想的正確。列寧死後，革命發生轉折，她人生的不幸隨即開始。」

　　烏拉奇米爾死後，著名電影導演米哈伊爾‧羅姆拍攝了影片《列寧在十月》。克魯普斯卡婭曾應他的請求向他講述丈夫是怎樣的一個人。1925年，她完成了第一本62頁長，關於烏拉奇米爾的回憶錄。

　　她在回憶錄中寫道：

　　他走路很快，踮著腳，沒有聲響。他喜歡玩擊木遊戲、溜冰、騎自行車。
　　克魯普斯卡婭對丈夫的無限深情，從回憶錄的字裡行間就可以感受得到。烏拉奇米爾的死，使她人生幾乎失去意義。最後十幾年她完全處在痛苦中。正如歷史學家所說，克魯普斯卡婭的一生，只屬於烏拉奇米爾，屬於烏拉奇米爾的革命。

在關押中巧妙革命

西元 1895 年 11 月聖彼得堡「鬥爭協會」剛成立，立即發動工人投入反對沙皇專制制度的鬥爭。

聖彼得堡出現了工人運動的高潮，普梯洛夫廠、托倫頓紡織廠、拉斐爾姆菸草廠以及其他工廠、企業都爆發罷工潮。沙皇政府驚恐不安，派出大批軍警展開偵緝。

烏拉奇米爾從國外回來時，特地定做了一個夾底箱子帶了回來，夾層中間祕密放有馬克思主義的書籍。

他知道，當局對他的監視格外嚴密，所以本來不打算隨身攜帶違禁物品，但最終還是忍耐不住，因為，這些書刊對他來說，真正是「擋不住的誘惑」。

箱子做工精巧別緻，不容易看出破綻。但這種做法警察當局早已非常熟悉。

唯一的希望是警察抽查而不要檢查每個箱子。可是，在海關檢查時，箱子被翻了個底朝天。幾個海關官員還在箱子底部拍拍打打。很顯然，夾底的祕密被識破了。

奇怪的是，當事人沒有立即被捕，而是順利地放行了。警察當局企圖放長線釣大魚，以箱子為線索，監視大批領取和散發祕密書刊的人，想把他們一網打盡。

烏拉奇米爾受到了密探盯梢。他搬到靠近乾草市場的哥薩克街，暗探不久就查找到了。

　　為了掩護祕密活動，烏拉奇米爾去法院登記當助理律師，他穿上已故父親的燕尾服，多次受法院委派出庭辯護。

　　烏拉奇米爾視力極好，行動靈活，常常在參加祕密聚會、走訪工人住宅、領取和傳遞地下祕密書刊，以及起草翻印和散發傳單等活動時，機敏地擺脫密探的跟蹤。

　　一次，一個密探死死地盯住了烏拉奇米爾，他怎麼也甩不掉這條討厭的尾巴。

　　他不斷注視著這個可惡尾隨者的蹤跡，發現尾隨者鬼鬼祟祟躲進一棟房子深深的門洞裡時，他迅速繞過大門跑進這棟房子，一屁股坐在看門人的扶手椅裡。那裡別人看不見他，但他透過玻璃窗什麼都看得見。

　　烏拉奇米爾得意地看著那個盯梢的人從躲著的地方跳了出來，東奔西竄地找尋不著跟蹤的目標。烏拉奇米爾瞧他那副狼狽樣，心裡一陣高興。

　　恰好就在這時，有個人從樓梯上下來，看見一個人坐在看門人的扶手椅裡捧腹大笑，不免大為驚奇。後來，這個人又看到那個捧腹大笑的人莫名其妙走了，他自然是一頭霧水。

　　在好幾個星期中，警察機關都未能把烏拉奇米爾當場捕獲。可是，當局還是偵察到他的行蹤。西元 1895 年 12 月 8 日，烏拉奇米爾和許多「鬥爭協會」領導者和骨幹不幸被

捕，準備付印的《工人事業報》創刊號也被沒收了。

烏拉奇米爾被當作重犯，關進陰暗潮溼，僅有六平方公尺的 193 號單人牢房裡，繼續在獄中精神飽滿地進行革命行動。

第一次審訊便提到了那個從國外帶回來的箱子，烏拉奇米爾回答得很乾脆：在莫斯科家裡。事後，他趕緊通知前來探望的未婚妻克魯普斯卡婭，「請人買一個同樣的箱子，說是我的……要快，不然要抓人。」

事情照辦了，當局沒有找到與箱子有關的線索，於是，這一罪狀就消失在其他的罪狀中了，他們已經找到了有關其他罪狀更為確鑿的證據。

烏拉奇米爾的牢房既是獄中的革命指揮所，又是與獄外聯絡的中心。他按時輕敲隔壁牢房與隔壁的人通話，鼓勵他們不要焦躁不安，對方又同樣與自己隔壁的人通話，他們甚至還透過按暗號敲牆通話的方式來下象棋。

在放風的時候，烏拉奇米爾和其他同志遠距離會面，設法避開哨兵的監視，匆匆打著手勢用各種暗語交談，使大家的口供一致。他在寫給外面的信中用開列書單的方法巧妙地詢問同志們的情況。

烏拉奇米爾極其關懷獄中的同志，每一封信裡總有這樣的委託：某人沒有親屬，必須找個同志來探望他；為某人送

一雙保暖的靴子來等等。

烏拉奇米爾雖然身陷囹圄，卻不墜青雲之志。他一被捕，立即制出計畫，把牢房當作書房，在他被監禁期間利用聖彼得堡各個圖書館從事研究。

監獄有個圖書館，圖書是由各界捐贈集成的。烏拉奇米爾從圖書館一籮筐一籮筐地借書，這裡沒有的，就開列大篇大篇的書單，讓家人到科學院、大學和其他圖書館去借。

烏拉奇米爾監禁期間，母親和姐姐幾乎都住在聖彼得堡，為他送去大批大批的書，堆滿了他的牢房的一個角落。送進去的書要由法院檢察官檢查，後來，送書的數量受到了嚴格的限制。

烏拉奇米爾也利用送進去的書籍，頻繁且巧妙地與外面的同志聯繫，用約定的記號標識出有密碼的書和頁碼，寫下許多如《論罷工》之類的手冊和《告沙皇政府》等傳單，送出去指導獄外革命。烏拉奇米爾還繼續致力於建黨，透過各種形式發表自己的意見，並著手起草黨綱。

在關押烏拉奇米爾的房子上，快要貼到天花板的小窗戶外面裝著柵欄，窗戶又窄又小。透過一層骯髒的玻璃，從外面射進一點微弱的光。房裡，牆邊上放著一張可摺疊的桌子，這裡允許看書，另一面牆邊上放著一張很簡陋的單人床。除此之外，房子裡空空蕩蕩。

　　寫作的條件十分艱苦。烏拉奇米爾想起了兒時母親教他玩過的一種遊戲，即用牛奶在紙上寫字，牛奶乾後看不出有字，拿到煤油或者蠟燭上烤一烤，字就顯露出來了。

　　烏拉奇米爾坐在桌前看書，他忽然想起今天是星期四，是准許探望的日子，應該做別的事情了。他站起來在房中走了一會兒，然後站在桌前，背向門。

　　門上有一個小圓眼，看守不時地向房裡張望。烏拉奇米爾一邊背朝小眼站著，一邊用麵包捲起一個小糰子，然後用手指在上面按一個洞。他在做什麼呢？

　　烏拉奇米爾在做他特殊的「墨水瓶」，用來盛裝牛奶。他翻開一本書，開始在書頁上用牛奶墨水寫字，寫好字，牛奶一乾，字就看不出來。今天，他要把書交給來探望他的人。他們把書帶回去後，把書在火上烤一烤，奇蹟就會出現，字開始慢慢顯示出來，就像感光板上的底片一樣。

　　烏拉奇米爾寫的不是信，而是給工人們罷工用的傳單。烏拉奇米爾和他的戰友們沒有停止鬥爭，他們在監獄中仍想方設法支持外面工人罷工。其中，用牛奶寫傳單，就是鬥爭的一種手段。

　　探望的時間到了，門外響起了鑰匙的聲響，鎖「咔噠」一聲開了，看守走出來。說時遲，那時快，烏拉奇米爾抓起「墨水瓶」塞進嘴裡，一口把它吃了下去。

「你在吃什麼？」看守三步並作兩步奔過來。

「麵包。」烏拉奇米爾平靜回答。

看守什麼也沒發現，碰了一鼻子灰。

今天來探望的會是誰？媽媽？姐姐？還是娜佳？隨著接觸的增多，烏拉奇米爾稱克魯普斯卡婭為「娜佳」。

在柵欄的另一邊，出現的是娜佳的身影，週四來探監必須隔兩道柵欄，這是政府的規定。娜佳在柵欄的另一頭笑了，儘管她知道烏拉奇米爾在監獄裡的生活很艱苦，但她看到的烏拉奇米爾總是精神抖擻、健康愉快的，所以她心裡還是相當高興。

憲兵們在兩層柵欄之間走來走去，他們認真監察每一個詞語。烏拉奇米爾想，此時怎樣談正事呢？

「今天，你把我讀完的圖書館的書捎給安娜，」烏拉奇米爾說，「還有瑪尼亞莎的一本書。」說這句話時，他非常認真地看了娜佳一眼。

「瑪尼亞莎的書，」娜佳心想，他強調這本書有什麼目的呢？哦！我猜到了，應該在這本書裡找信和傳單。娜佳抬起頭來，興奮得滿臉通紅。

「你知道我的牢房號嗎？」烏拉奇米爾繼續玩著文字遊戲。

「那還用問，當然知道，是 193 ！」娜佳快人快語。

　　為什麼問這個呢？娜佳心中揣測。哦，明白了，傳單在那本書的 193 頁。天哪！要是沒有看守在，娜佳簡直要蹦起來了。

　　他們巧妙地騙過了憲兵，接著，烏拉奇米爾和娜佳又聊起了家常，他尤其詢問了母親的身體。時間一分一秒過去，探望就這樣結束了。

　　一天，烏拉奇米爾在放風的時候，從戰友那得到一則情報：後天，警察局要分開偵訊被捕的「鬥爭協會」成員克爾日扎諾夫斯基和拉德琴柯。

　　怎麼辦？這是警察局使出的詭計，如果兩個人供詞不一致，很可能會殃及其他沒被捕的同志，而且兩個人還有生命危險。烏拉奇米爾心急如焚，他緊張地思索著解決問題的辦法。

　　烏拉奇米爾的牢房正好設在關押克爾日扎諾夫斯基和拉德琴柯大樓的對面，他發現倆人正好住在上下樓，而樓上樓下兩間房有暖氣管道相通著，那麼在相通的地方一定有空隙，說不定可以在那裡交談。烏拉奇米爾為這一發現激動不已。他強迫自己安靜下來。

　　在第二天放風的時候，烏拉奇米爾透過祕密的手語，把消息通知給了克爾日扎諾夫斯基和拉德琴柯他們。

　　果然，警察局提審的那一天克爾日扎諾夫斯基和拉德琴

柯的供詞竟然一模一樣，警察局長毫無收穫。他氣急敗壞又無可奈何，他哪裡是聰明的烏拉奇米爾的對手。

烏拉奇米爾以樂觀主義面對監獄生活。他用冷水擦身，每天臨睡前做體操。這樣，烏拉奇米爾就睡得很好，甚至做夢都夢見了自己未來著作的各個章節。他堅信，勝利永遠是屬於無產階級的，因為他知道，在聖彼得堡郊區，無產階級的罷工革命，正波瀾壯闊地進行。

烏拉奇米爾和戰友們在監獄裡智鬥憲兵，取得了一次又一次的勝利。

當他們回憶起和烏拉奇米爾一起被囚禁的那段時光，戰友們都說：「儘管獄中生活很苦，但因為有烏拉奇米爾‧依里奇的鼓勵，我們都成了快樂的囚徒。」

在流放地活動不懈

西元 1897 年 2 月，烏拉奇米爾結束了 14 個月的監獄生活之後，被流放到偏僻荒涼的西伯利亞流放地舒申斯克村。

在當時，沙皇政府有一個毒辣的手段：把政治犯流放到偏遠、荒涼、貧窮的西伯利亞地區，既可切斷革命者與民眾的聯繫、對社會的影響，又可借嚴寒、孤獨來摧殘革命者的身體健康、銷蝕革命者的精神意志。當烏拉奇米爾向西伯利亞出發的時候，他那蒼白、消瘦的臉龐依舊顯得那麼神采

奕奕。

無論是在牢房還是艱苦的流放地，烏拉奇米爾一刻也沒停止過學習和思考。

烏拉奇米爾住在流放地的一所農民的小房子裡。在這偏遠的村子裡只有兩個流放工人。烏拉奇米爾和一些當地村民交朋友：一個叫茹臘夫列夫，他勇敢地反抗過富豪；一個叫索斯帕提奇，烏拉奇米爾常和他去打獵。

烏拉奇米爾常給當地居民出主意。他幫助一個被礦場解僱的工人，在控告礦主的法庭上得到勝訴。農民和他們的妻子常常到烏拉奇米爾那裡去向他訴苦，請他幫助出主意。

在舒申斯克村，他閱讀了大量哲學和政治經濟學著作，分析俄國社會的狀況，思考著怎樣籌建工人政黨。

一年以後，西元 1898 年春天，克魯普斯卡婭被帶到舒申斯克村，交給警察監視。她是烏拉奇米爾終身最親密的朋友和忠實的助手。克魯普斯卡婭看到烏拉奇米爾在西伯利亞待了一年以後，比他在聖彼得堡時強壯健康多了。

烏拉奇米爾愛好俄國作品，在西伯利亞時，他多次反覆閱讀普希金、萊蒙托夫、涅克拉索夫等作家的作品。他尤其讚賞普希金，也很喜愛車爾尼雪夫斯基，認為他是一個偉大、徹底、不屈不撓的革命家和學者。烏拉奇米爾津津有味地一再閱讀車爾尼雪夫斯基的小說《怎麼辦》。

烏拉奇米爾的西伯利亞相簿裡就有兩張車爾尼雪夫斯基的相片。後來有人這樣寫道:「烏拉奇米爾並不是一個書呆子,也不是一個孤芳自賞的隱士。他愛人民,愛生活樂趣,而最主要的樂趣卻是鬥爭和努力爭取勝利。他是一個結實、健壯、靈活的人,喜歡劇烈的運動。他也是一個熱心的獵手、優秀的溜冰運動員,精明的棋手。在流放時期,他有時同下三盤棋,他躺在床上,也不看棋盤,可以把三個對手都打敗。」

烏拉奇米爾在流放的頭兩年,用大部分精力寫他《俄國資本主義的發展》一書。在準備這書時,烏拉奇米爾細心地研究過幾百種記述工農生活狀況和工農業情形的統計著作,重視上面的事實和準確的數字。

《俄國資本主義的發展》一書猛烈攻擊了民粹派的理論。烏拉奇米爾認為民粹派的理論對無產階級革命非常有害,不僅不武裝無產階級,反而解除了無產階級的武裝,在革命隊伍裡散布恐懼。他認為,只有把民粹派反馬克思主義的傾向、理論、方法和頑抗的武器堅決摧毀,無產階級政黨才能夠建立並發展。他認為民粹主義是想把無產階級置於資產階級影響之下。

民粹派裡有許多著名的政論家,還有大量闡述他們理論的書籍和文章,唯一反擊民粹派的馬克思主義著作是普列漢

諾夫寫的。烏拉奇米爾的目的是要根據與俄國經濟相關的多方面資料，寫一本更詳盡的書，以粉碎民粹派的理論。

　　寫這本書是烏拉奇米爾的重要任務。他要用他的理論指明，對於建立無產階級政黨、進行反對沙皇制度的鬥爭，俄國已經具備一切條件。在這本書裡，烏拉奇米爾證明資本主義不僅侵入了工業，而且侵入了鄉村，侵入了地主和農民的農業。民粹派的主張已經偏離事實，俄國正沿著資本主義道路前進。就像其他資本主義國家一樣，在俄國，無產階級和資產階級也出現了。村莊中的農民絕不是資本主義的對抗者，而恰好相反，是資本主義堅深的基礎。俄國工廠的數量迅速增加，無產階級的人數在城市和農村日益增多。

　　烏拉奇米爾證明，俄國的農業越來越具有買賣和商業的性質，在農村，無產階級和富農的人數不斷增多，市場逐漸建立，從而加速工廠和作坊的發展。資本主義在前所未有的廣大範圍內破壞著農村的農奴制餘波。

　　資本主義，不管它的剝削怎樣駭人聽聞，畢竟仍是比封建制度現代。「使用木犁和連枷、水磨與手織機的俄國，開始迅速地變為鐵犁與脫穀機、蒸汽織布機的俄國。」

　　民粹派認為俄國沒有無產階級，而烏拉奇米爾則用數字指明：城市和農村的工人人數已近一千萬，工人反對資產階級、反對專制制度壓迫的階級鬥爭日益激烈。無產階級將是

革命的領導者，並將帶領其他一切被壓迫階級前進。

烏拉奇米爾在他的這本書裡，以科學論據正確指出俄國經濟發展所要走的道路，並為制定工人政黨的綱領和策略提供了依據。

在流放的幾年裡，烏拉奇米爾還寫了其他許多關於經濟的文章，主要在反對民粹主義。1899 年，他不僅出版了經濟論文集，而且出版了他的《俄國資本主義的發展》一書。

烏拉奇米爾第一部社科著作《農民生活中新的經濟變動》是在薩馬拉寫的，直到十月革命後才第一次出版。他的《什麼是「人民之友」，以及他們如何攻擊社會民主主義者》一書，當時只祕密印刷了幾十本，也待蘇維埃政權建立以後才廣為傳誦。

《俄國資本主義的發展》這部書成為俄國馬克思主義者反對民粹主義強而有力的武器。它為馬克思主義者提供了一個有事實、有數字、有論據的完備武器庫，提供堅實的思想基礎。

烏拉奇米爾在寫這部著作和為期刊寫論文時，一刻也沒有忘記出版地下報紙。在報紙上，他可以把革命基本任務講解得很清楚很完備。所以，烏拉奇米爾在西伯利亞為地下報紙寫了他的小冊《新工廠法》，另外還寫文章向工人階級說明，為爭取社會主義，必須建立一個堅強的工人政黨。

在《俄國社會民主主義者的任務》這個小冊裡，烏拉奇米爾論述了黨和無產階級的基本任務。他指出社會民主主義者的任務是領導無產階級進行兩方面的鬥爭：社會主義方面要反對資產階級、摧毀資本主義制度和建立社會主義；民主主義方面要反對專制制度、爭取政治自由。

烏拉奇米爾指出社會民主主義者的主要工作應該在工人之間、在無產階級之間進行。因為無產階級最容易接受社會主義，政治上最有準備。但是這並不是說他們可以忽視其他反對專制制度的階級。無產階級與資本主義、專制制度或官僚制度毫無共同利益，是革命階級的基礎。工人階級及其政黨，要在農民反對封建制度和專制制度的革命鬥爭中支持農民。在這本小冊裡，烏拉奇米爾號召分散的社會民主主義團體統一成立社會民主黨。

在西伯利亞，烏拉奇米爾收到「勞動解放社」成員巴·阿克雪里羅德寫的《俄國自由派與社會民主派的歷史地位和相互關係》。阿克雪里羅德講到無產階級和自由資產階級的「聯盟」與「合作」。烏拉奇米爾批評了這本小冊，並從流放地送出一封信，信裡說阿克雪里羅德「應該把工人階級運動的階級性更明確地表示出來」，而不應該對自由資產階級採取仁慈態度。

烏拉奇米爾不同意「勞動解放社」成員的意見。他寫道：「依我所見，『利用』這個詞比支持或聯盟要恰當得多。」

當自由資產階級反對沙皇制度時，社會民主主義者必須利用這點，但是無論如何不應該把無產階級置於資產階級之下，放任無產階級受他們影響。烏拉奇米爾總是為工人運動的獨立、為無產階級在工人運動中的領導地位而鬥爭。

西元 1889 年，烏拉奇米爾在流放中收到了「合法派馬克思主義者」庫斯柯娃和普羅皮維奇所寫，名為《信條》的宣言。

這個宣言表明了所謂經濟派的觀點。《信條》建議，工人階級要迴避反對專制制度的政治鬥爭，而專注於經濟鬥爭、罷工等等。《信條》反對建立工人階級的獨立政黨，並傲慢地無視地下工人組織。政治鬥爭被宣布為自由派與資產階級的任務，工人只從事純經濟鬥爭，換句話說，工人階級要聽任資產階級牽著鼻子走。

《信條》的作者們公開宣布他們在修正馬克思學說。《信條》以德國愛德華·伯恩施坦的著作為基礎，伯恩施坦那時寫了很多反對馬克思的文章，還有一本專著。他的這些論點在第二國際中有很多附和者，在俄國也得到了迴響。

烏拉奇米爾被監禁、被流放時，經濟派的勢力加強了。他們利用烏拉奇米爾及其他革命馬克思主義者被捕、革命組織處於無組織狀態的時機，開始把工人運動中不夠堅定的參與者爭取到他們那側。

　　烏拉奇米爾認為，以經濟優先，而非政治優先的經濟主義是一種極為有害的傾向，它解除了無產階級革命鬥爭的武裝，是俄國的伯恩施坦主義。因此，烏拉奇米爾一收到《信條》就立即加以駁斥。

　　他起草了一個答覆，題為〈俄國社會民主黨人抗議書〉，並把它交給米努辛斯克的全體流放者討論。烏拉奇米爾和其他流放者有時旅行 50 公里至 100 公里彼此探望。與烏拉奇米爾同時判刑的克爾日札諾夫斯基、斯塔爾柯夫等人住在西伯利亞同一個地區，藉口過新年或祝賀婚禮，這些流放者設法從各村來集會，然後熱烈討論政治問題。

　　烏拉奇米爾的姐姐在她的《烏拉奇米爾回憶錄》裡寫道：「烏拉奇米爾曾經寫過，在這些三四天的集會期內，時間過得『很愉快』。在夏天他們出去遠足、舉行長途的行獵，並且洗澡；在冬天他們溜冰、下棋。他們談論各種問題，閱讀烏拉奇米爾著作中的某些章節或者討論文學與政治上的各種新趨勢。」

　　他經常寫信給親人和同志們，從他們那裡了解俄國城市中的狀況，並和其他被流放的同志保持聯絡。這一切都祕密進行，因為憲兵經常突然到他家來盤查：有沒有反對政府的言論？有沒有宣傳革命的資料？

　　這年 8 月的一天，烏拉奇米爾和流放於舒申斯克村附近

的 17 位同志見面了，地點在葉爾馬科夫斯克村的瓦涅耶夫的家。在這裡，他們開了一個會議，即葉爾馬科夫斯克村集會。

在集會上，烏拉奇米爾向同志們講述了在聖彼得堡發生的重要事件。在聖彼得堡，一群人聚在一起反對馬克思主義，他們向工人宣導不要過問政治、不要參與革命，以提高薪水，還有與老闆和工廠主之間「和睦相處」。

烏拉奇米爾認為這會使工人永遠處在被剝削的地位，號召同志們討論這些人的觀點，經過認真討論，同志們反對向資本家妥協，一致同意烏拉奇米爾的意見。為此，集會起草抗議書斥責那些人的謬論。17 人簽字的抗議書就這樣誕生了，它從遙遠的西伯利亞飛到各大城市，由一張薄薄的紙片變成千千萬萬張傳單，傳到工人們手中。

抗議書上面醒目地書寫著：

同志們，不要聽經濟派的，我們只有一條路 —— 革命！

這份抗議書，就是烏拉奇米爾起草的有名的〈俄國社會民主黨人抗議書〉。

烏拉奇米爾在抗議書裡，以及那幾年寫的其他論文和著作裡，反對第二國際中像經濟派這樣的投機主義者。在那幾年，投機主義使歐洲工人的社會民主黨受到很大的影響。

烏拉奇米爾從流放地密切注視著西歐和俄國的工人運動。在幾篇發表在《新語》和《開端》等雜誌上的文章裡，他捍衛馬克思主義勇於革命的精神，反對投機主義者想「修正」或「改正」馬克思主義的一切企圖。在〈農業中的資本主義〉這篇長文裡，烏拉奇米爾批評了妄圖證明馬克思主義不適用於農業的「合法馬克思主義者」布爾加柯夫。

在流放的幾年裡，烏拉奇米爾對哲學也作了深刻的研究。他重讀了馬克思和恩格斯的哲學著作，研究了過去的偉大哲學著作和主要的資產階級著作。

他仍然希望讀透過往的哲學，以便基於馬克思主義加以批判訂正。烏拉奇米爾和林格尼克長時間在通信中討論哲學問題，在信裡也討論了馬克思主義哲學。

烏拉奇米爾在流放以前和流放期間，從沒有停止批評「合法馬克思主義者」，指出他們是資產階級幫兇。但是普列漢諾夫對他們卻採取了妥協態度。在國際工人運動中，只有烏拉奇米爾一個人，從他的政治活動一開始，就一面繼承馬克思、恩格斯的學說，一面對抗投機主義。

他在流放中為《工人報》第三期寫了一篇關於黨的綱領及其說明的文章。烏拉奇米爾寫道：

> 我們絕不把馬克思的理論看作某種一成不變的和神聖不可侵犯的東西。恰恰相反，我們深信：它只是為一

門科學奠定了基礎。社會主義者如果不願落後於實際
生活，就應當在各方面把這門科學向前推進。

我們認為，對於俄國社會主義者來說，尤其需要獨立地
探討馬克思的理論，因為它所提供的只是普遍性的指導原
則，而這些原則的應用，部分地說，在英國不同於法國，在
法國不同於德國，在德國又不同於俄國。

這篇文章對於 20 世紀初《火星報》制定黨綱的工作具有
重大意義。

烏拉奇米爾在階級鬥爭新形勢下，獨立地發展、探討並
豐富了馬克思的理論。除了致力於拓深馬克思理論以及忙碌
於政治，烏拉奇米爾還與俄國以及國外工人運動的主要領導
者，與流放在西伯利亞以及歐洲各地的同志廣泛通信。

烏拉奇米爾最親密的同志，克爾日扎諾夫斯基和斯塔爾
柯夫，每星期都會收到他兩封信。

他經常把他自己的工作、他從俄國各地收到的關於罷工
和革命運動進展的一切消息告訴他們。在這些信裡，烏拉奇
米爾還談到各種理論問題，並簡明確切地解答各種疑難，有
時也爭論個別問題。

烏拉奇米爾是一個出名準時寫信的人。他這些信振奮了
流放者的精神，團結他們，並鼓勵他們堅定地工作。

米努辛斯克發生過一個工人逃跑的特殊事件：一個叫拉

意琴的工人，從米努辛斯克流放地逃跑了。民意黨的老流放者對他的逃跑很反感，怕引起警察報復，便要求葉·伊·奧庫洛娃和V·斯塔爾柯夫受罰，因為他們知道他打算逃跑而沒有設法制止。

烏拉奇米爾自己並不認識奧庫洛娃，但他從克爾日札諾夫斯基那裡聽到了整個事情的經過，就立即站在奧庫洛娃和斯塔爾柯夫一邊加以干涉。

這件事情讓烏拉奇米爾尤其生氣的是，所有事情的根源都在民意黨人對待流放工人的高傲態度。烏拉奇米爾對此極為憤怒。由於烏拉奇米爾替奧庫洛娃和斯塔爾柯夫聲援，並嚴厲譴責民意黨人對工人的高傲態度，他和他的同志們與所謂「老流放者」之間產生了分裂。

克爾日札諾夫斯基後來回憶，在一個嚴寒的月夜，沿著葉尼塞河散步時，烏拉奇米爾興高采烈地講述他的這些計畫，並描述如何以該報為中心建立工人階級的政黨。

克魯普斯卡婭在回憶錄中關於烏拉奇米爾最後幾個月的流放生活這樣寫道：「烏拉奇米爾·依里奇開始夜裡睡不著覺，他異常消瘦。就在這些夜晚，他周密思考了他的計畫，向克爾日札諾夫斯基和我討論，向馬爾托夫和波特列索夫通信討論，並與他們商量到外國去的問題。時間越是一天天過去，烏拉奇米爾·依里奇就越加著急，越加渴望工作。」

　　三年的流放，無論對烏拉奇米爾還是對無產階級革命鬥爭來說，都不是輕易過去的。那幾年，烏拉奇米爾寫了一部書和很多論文，其中包括一本論黨的任務的小冊。這本小冊成了行動綱領，帶給經濟派致命打擊。他繼續團結他的同志並使他們準備進行新的戰鬥。

　　烏拉奇米爾自己讀了許多書，進行深入的思考。為革命鬥爭的新階段做好了準備。

　　烏拉奇米爾在流放中一直在考慮建黨計畫。與此同時，烏拉奇米爾看到當時的俄國成立了許多工人小組和團體。

　　但是，各地的工人小組和團體沒有取得一致的意見，它們如同一盤散沙分散在全國各地，彼此沒有組織聯繫，更沒有統一紀律。為了結束這種思想混亂，組織渙散的狀態，就必須創辦工人階級自己的全俄政治報紙。

指導革命

只要多走一小步，看似是往正確的方向前進，卻有
可能是錯誤的一步。

—— 烏拉奇米爾·依里奇·列寧

創辦火星報確立建黨綱領

西元 1900 年 2 月，烏拉奇米爾從西伯利亞流放回來後，住在小城普斯科夫。他越過大雪紛飛的西伯利亞時，心裡首先想的就是著手創辦《火星報》。

辦報紙需要辦報資金，需要出版印刷的場所，需要為報紙寫文章的作者，需要尋找報紙的推銷代理人。

資金找到了，它是工人夜校女教師卡爾梅柯娃提供的，她是聖彼得堡書庫的主人，是烏拉奇米爾的好朋友。

在哪裡出版《火星報》呢？難道在俄國嗎？這是反對沙皇、反對地主和工廠主的報紙，當然不能在俄國出版。烏拉奇米爾和同志商量，決定在德國出版《火星報》。

在那裡，俄國警察密探還不至於那麼多，不會一下抓到鐵窗裡去。問題解決了，西元 1900 年 4 月，烏拉奇米爾踏上奔向異國他鄉的列車，駛往德國。

德國萊比錫馬路狹窄，房屋和教堂的屋頂尖尖的。這裡有許多工廠、印刷廠和各種各樣的書店。在萊比錫有一個德國人，35 歲，叫赫爾曼·勞，留著小鬍子，剪平頭，他是離萊比錫不遠的普羅勃斯特海德村小印刷所的老闆，德國的社會民主黨黨員。

有一次，萊比錫的社會民主黨人對赫爾曼·勞說，從俄國來了一個馬克思主義者，先到日內瓦，然後住在慕尼黑，

俄國這位馬克思主義者的任務是，在德國的萊比錫出版第一期《火星報》。

「應該幫助俄國的同志們。」赫爾曼・勞說。於是，他的手和烏拉奇米爾的手緊緊握在了一起。

赫爾曼・勞樂於幫助，但不幸的是，印刷所裡只有德語鉛字，沒有俄語鉛字，而報紙必須用俄文印刷。

怎麼辦？一天、二天，第三天辦法終於想出來了，一個可靠的同志願意提供幫助。在萊比錫，有一家印刷廠為俄國印刷俄語宗教書。

一次，赫爾曼・勞的助手推著手推車來到這家印刷廠，他先推了一會兒，然後站在一邊抽起煙來。人們從他旁邊走過，沒有發現什麼特別的東西。

過了一段時間，有人從窗口揮了揮手。又過了不一會兒，走出一個繫著圍裙的工人。圍裙裡沉甸甸的。全都是俄語鉛字。那個同志將鉛字倒進車裡，赫爾曼・勞的助手蓋上舊上衣，把手推車推了出來。很快，就要印刷《火星報》了！

烏拉奇米爾從慕尼黑來了。他帶來了報紙的文章，有自己寫的，也有同志們寫的。烏拉奇米爾在萊比錫城郊租了一間房間。每天早晨拂曉前起床，然後步行五六公里把版樣送到赫爾曼・勞的印刷所去。

「今天是至關重要的一天。」赫爾曼·勞用德語對烏拉奇米爾說。

烏拉奇米爾點了點頭。是的,今天是至關重要的一天,在這之前的一切工作都只是準備。而今天,第一張《火星報》即將誕生了。

排字工挑選著一框沉重的鉛字,裝在印刷機上。赫爾曼站到印刷機旁,握住了機柄。印刷機響起了隆隆聲,機軸開始轉動。接著,一張報紙從印刷機裡飛了出來。

烏拉奇米爾激動地拿起了報紙,這一刻,他盼了很久。

「我們有報紙了,工人的、革命的報紙,飛吧!我們的報紙,飛到我們的國家去,去喚醒心靈,去號召鬥爭!」

西元 1900 年 12 月,第一張《火星報》在德國萊比錫誕生,它的創刊號在慕尼黑出版。在報紙的右上角印著大字:「看星星之火,必將燃成熊熊烈焰!」烏拉奇米爾在《火星報》的創刊號上寫道:

> 有了堅強、有組織的黨,罷工也能夠變為政治示威,變成對政府鬥爭的一次政治勝利。有了堅強、有組織的黨,地區起義也能夠勝利。

密探盯得很緊,出版《火星報》需要轉移了。西元 1903 年夏天的傍晚,日內瓦城郊塞舍龍工人住宅區裡,每當居民們走過烏拉奇米爾夫婦的住宅,總能聽到高亢嘹亮的歌聲,

這不是一個人演唱，這是十幾個，甚至幾十個人在合唱。

千年的基礎在動搖，

古老的制度要垮掉，

我們覺醒在今朝，

把舊世界的鎖鏈全拋掉。

塞舍龍工人住宅區的居民驚訝地發現，今年夏天，這裡來了這麼多的俄國人。他們的衣服和語言與本地人不同，他們用俄語在烏拉奇米爾夫婦整齊的小花園裡快活地聊著天。他們是來幹嘛的？誰也不知道。原來，這些都是俄國各地來參加俄國社會民主工黨第二次代表大會的代表。他們來到日內瓦城郊塞舍龍工人住宅區，要與烏拉奇米爾談談代表大會的問題。

「依里奇同志，日內瓦可真美，尤其是水面如鏡的日內瓦湖，它的風光真叫人流連忘返。」十幾個代表坐在烏拉奇米爾夫婦家的客廳裡，與他們促膝交談，其中一個代表說。

「是啊！日內瓦真是風景如畫，」烏拉奇米爾點點頭，「什麼時候，我們的俄羅斯也能像日內瓦一樣和平、幸福、安寧。」

「俄國的密探盯得很緊，為了《火星報》的連續出版，我們才不得不換了一個又一個地方。」坐在一旁的娜佳感嘆地說。

「先是在慕尼黑出版，後來是英國的倫敦，現在是瑞士的日內瓦，現在《火星報》的出版終於安全多了。」

一個工人代表說，「《火星報》走到哪裡，我們的目光就跟到哪裡，它對我們國內工人的影響太大了。」

「是啊！它幫我們澄清了很多模糊不清的問題，《火星報》上的文章都很有說服力，它教會我們怎樣鬥爭。」又一個工人代表說。

「依里奇同志，《火星報》上署名『列寧』的文章是不是都是您發表的，那麼有力的文字很像您的風格。」一個工人代表問。

「對，是我。」烏拉奇米爾點點頭，「從西元 1901 年的 12 月開始，我就用這個筆名發表文章了。」

「那以後我們就叫您列寧同志。」代表們建議說。

「好啊！」烏拉奇米爾熱情地表示贊同。

「列寧同志，」一個代表清了清喉嚨說，「請您給我們講講您的新書《怎麼辦》吧！國內禁止出版這本書，我們很難看到。」

「好啊，」列寧表示同意，「這本書主要是寫為什麼要在俄國建立無產階級政黨，怎樣在複雜的政治環境下建黨，和政黨成立以後，應該做哪些工作。」

代表們聚精會神地聽著列寧的講述，絲毫沒有感覺到時

間的流逝。對他們來說，列寧的平易近人、博學多才、頑強的戰鬥精神和靈活的鬥爭方法，像磁石一樣牢牢地吸引著他們。在他們心目中，列寧是他們的領袖。

西元1903年7月，代表們從日內瓦來到了比利時首都布魯塞爾，在這裡即將舉行俄國社會民主工黨第二次代表大會。這次大會的主要任務是：在《火星報》所提出的原則的基礎上建立真正的政黨。

因為政黨是工人階級的先鋒，只有建立統一的政黨，統一決策和行動，才能真正把工人階級團結起來，與舊世界鬥爭個徹底。

代表大會不是在寬敞、明亮的大廳裡召開，而是在一個大麵粉倉庫裡舉行。這裡潮溼昏暗，散發出陣陣霉味，夜裡還有大老鼠亂竄。大家打掃倉庫，換換空氣，搭起了木頭講臺。用紅布遮住大窗，裡面放著長凳。

代表們就座後，普列漢諾夫走上了主席臺。

普列漢諾夫是俄國第一位社會主義者。他是個學者，早在列寧之前，他就寫了許多闡述馬克思主義學說的書。

普列漢諾夫莊嚴地宣布第二次代表大會開幕，並由他開始發言。

大家都凝神靜氣地聽著。列寧非常激動，他的兩隻眼睛閃閃發光。他早就盼望著這次大會，現在終於實現了！

然而，幾乎從第一天起，代表大會上就爆發了鬥爭。為什麼鬥爭？是誰和誰鬥爭？

有一些代表不同意列寧的建黨綱領，在他們看來，綱領太新，太激進。新事物嚇壞了他們。他們想像西歐國家的資產階級政黨一樣，建立自由、鬆散的黨組織，而列寧要建立紀律嚴明的純正無產階級政黨。列寧對政黨要求嚴格，他滿腔熱忱捍衛自己的觀點，大多數代表站在他一邊。

在代表大會上，代表們討論了黨綱、黨章，選舉出中央委員會和《火星報》的編輯人員，在所有的問題上都鬥爭激烈。列寧在會上作了非常明確和令人信服的報告。

第二次黨代表大會，列寧作了 120 次發言和插話。他說得引人入勝，大多數代表同意列寧的意見，他們被稱為多數派，即布爾什維克。贊成工人革命、贊成人民幸福、贊成列寧的黨綱，他就是布爾什維克。誰反對列寧的意見，他就被稱為少數派，即孟什維克，孟什維克意味著放棄革命鬥爭。

列寧領導的布爾什維克從此誕生了！

在大會進行的過程中，麵粉倉庫旁開始有一些可疑的人，東張西望，行動鬼鬼祟祟。原來，比利時警察局發現了革命者的行動，派出了一大批密探監視。

危險降臨。整個大會不得不換新地方，轉移到倫敦繼續，同樣是祕密地進行。每天不得不改換地點，為會議找棲

身之處。召開第二次黨代表大會，其條件是多麼艱難、多麼危險。

大會閉會時，列寧又和各代表團以及個別代表進行談話，向他們說明布爾什維克和孟什維克分歧的根源，鼓勵他們盡力把更多的工人吸收到黨裡來。

列寧在第二次代表大會期間為黨員作出了光輝典範，他為代表大會做了周密的準備，寫了幾乎所有決議案的草案。大會開幕之前，他與所有代表談過話；大會期間，他主持了火星派的會議。

列寧積極參與代表大會的每一場會議，作報告、參與討論、主持會議，會議休會期間與各代表談話，起草決議案。他有一本記載大會情形的日記，把大會一切重點都寫了下來。大會後，他向代表們說明大會決議，指示他們怎樣在俄國實踐這些決議。

後來，他寫了《進一步，退兩步》這部著作，解說大會上各種對立傾向。列寧在大會上貫徹了堅定的路線，不屈不撓地捍衛革命立場。

召開會議確立任務目標

西元 1904 年爆發了日俄戰爭。這是沙皇俄國和日本為了瓜分中國、朝鮮而開啟的帝國主義侵略戰爭。沙皇指望依靠

軍事上的成功來鞏固他在國內的威信，以激起人們的愛國思想，阻止日益逼近的革命。

列寧分析了當時的形勢，認為沙俄的失敗將增加國內的革命激情。他指出「俄國的自由和俄國無產階級爭取社會主義的鬥爭，與專制制度的軍事失敗有非常密切的關係」。

沙皇專制政府想在滿洲和朝鮮攫取新的領土，然而戰爭一開始，沙皇政府就遭到慘敗，節節潰退。這場可恥的戰爭向全世界、向俄國千百萬人民暴露出專制制度腐朽透頂。沙皇政府的文官武將腐敗無能，引起了各階層人民的深深不滿，促進革命運動的迅速發展。

西元 1905 年 1 月初，日本占領了旅順口。這就預告了沙皇軍隊將全盤潰敗。關於旅順口的陷落，列寧這樣寫道：

> 不是俄國人民，而是專制制度遭到了可恥的失敗。俄國人民從專制制度的失敗中得到了好處。旅順口的投降是沙皇制度投降的前奏。

這一時期，俄國國內爆發了波瀾壯闊的罷工。1904 年 12 月，巴庫發生總罷工。第二年 1 月初，聖彼得堡的普梯洛夫工廠發生罷工，這次罷工很快就擴大到首都所有大小工廠。

1905 年 1 月 9 日，工人群眾在加邦牧師的鼓動下，列隊到冬宮呈遞請願書。工人向沙皇呈遞的請願書裡，包含黨的綱領中所載的若干政治和經濟要求。這都是針對聖彼得堡革

命工人的要求而寫進請願書的。沙皇軍隊用子彈迎接請願工人的代表團，幾千工人死傷。俄國無產階級得到了難忘的血的教訓。

列寧聽到 1 月 9 日事件的最初消息時，立即領會了它在革命上的意義。列寧說：「革命開始了。」他看得很清楚，直接準備武裝起義的時機成熟了。

孟什維克想把一月事件說成工人階級鬥爭中一個孤立的插曲。列寧卻知道，俄國正進入一個新的歷史階段，他說：

工人階級從國內戰爭中得到了巨大教訓；無產階級在一天中所受到的革命教育，是他們在黯淡的，平常的，受壓制的生活中幾個月幾年都不能得到的。

列寧當時雖然遠離俄國，卻密切注視著事態的發展，仔細研究各種外國報紙登載的俄國新聞。他逐日指導俄國各地黨委會的工作，向各地同志送去指示和信件，詢問他們要弄清的事情，以便確切了解局勢的一切詳情。

列寧認為：

一次勝利的起義可以創造一個新的政權。工人應該爭取建立無產階級革命民主專政以代替沙皇的統治。透過革命成立的臨時革命政府消除專制制度，保證無產階級和農民得到政治自由。

在這以後，工人階級要立刻展開爭取社會主義革命和

徹底消滅一切剝削的鬥爭。這兩個革命是有密切聯繫
的。要實現這個計畫，就必須鞏固他們的政黨。

列寧要求召開代表大會，而且「大會要簡單，時間要
短，人數要少」。第三次代表大會終於在 1905 年 4 月於倫
敦成功召開。代表大會的大本營是在一個閣樓上，列寧在這
裡和每個代表長時間談話，仔細詢問那些地方革命運動的情
形。同時，他又以商量的口氣，向他們闡明自己的見解。

列寧的發言令人信服。他指出了俄國共產黨進行鬥爭的
新途徑，並揭露了孟什維克的投機主義見解和口號。他在代
表大會上說道：

> 如果專制政府真的將被推翻，那麼它應當以別的政府
> 來代替。而這個別的政府只能是臨時革命政府。它的
> 支柱只能是革命人民，即無產階級和農民。這種政府
> 只能是專政，也就是說，它不是一般的組織，而是戰
> 爭的組織。

代表大會詳細討論了組織和實行武裝起義的有關問題。
它指出，群眾罷工是政治鬥爭的有力武器，必須把它轉變為
起義。光鼓動起義是不夠的；還必須為起義做技術上的準備。
必須囤積武器、擬定戰略，計劃如在哪裡構築路障，應占領
城市中哪些地點等。

列寧指出，農民在工人階級領導下，也能成為革命動

力，因為革命成功可以給農民土地。農民奪取地主的地產是最重要的革命行動，因為這一行動可以摧毀地主的權力。俄國共產黨絕不能阻止農民這樣行動。恰恰相反，要支持農民，並為徹底奪取一切財產而鬥爭。

代表大會修改了黨章。在代表大會上，列寧主張要吸收更多工人參加委員會。他提議，各委員會中，每有兩名知識分子，就必須有八名工人。

「吸收工人參加委員會不僅是教育任務，還是政治任務。工人具有階級本能，工人只要有一點政治經驗，就能相當快地成為堅定的社會民主黨人。」

第三次代表大會團結了布爾什維克，選出了布爾什維克黨的中央委員會。列寧在他關於第三次代表大會決議的通告裡，代表中央委員會對於工人階級當前任務講了這樣的話：

> 無產階級是不會被這些偉大任務嚇倒的。它將輕蔑地甩開那些預言無產階級會因勝利而遭到不幸的人。俄國無產階級一定能徹底完成自己的義務。它一定能領導人民武裝起義。它不會被參加臨時革命政府這個艱鉅任務所嚇倒，如果這個任務落在它肩上的話。它一定能擊退一切反革命的圖謀，無情粉碎一切敵人，挺胸捍衛民主共和國，以革命方法努力實現我黨的全部綱領。俄國無產階級不應當害怕這種結局，而應當熱烈地希望這種結局到來。在即將來臨的民主主義革命

中獲得勝利後，我們就會因此而向我們的社會主義目標前進一大步。

第三次代表大會後，列寧立刻在他的著作《社會民主黨在民主革命中的兩種策略》中說明了這些基本分歧，並向無產階級提出十分明確的任務。

直接領導俄國革命鬥爭

西元 1905 年 11 月，列寧回到俄國，立即召集了布爾什維克中央委員會全體會議。列寧開始直接在俄國領導革命鬥爭。

從清早到深夜，列寧和從聖彼得堡等城市來的同志們談話，指示他們，並且把國內的政治形勢解釋給他們聽。他指導中央委員會的工作，在黨的會議上講話，並且激烈地鬥爭孟什維克與社會革命黨人。布爾什維克的理論正在鬥爭中受到考驗。

布爾什維克報紙《新生活報》在聖彼得堡發行了。列寧透過這份報紙寫了好些文章，分析當前的形勢與階級力量的對比，並且指出應該做什麼。在第一篇文章裡，列寧在談到俄國社會民主工黨活動時寫道：

> 我們黨的活動條件發生了根本變化。集會、結社、出版自由已經取得，這些合法的便利必須廣泛加以利

用。但是依賴被頒布的自由則愚蠢與罪過，鬥爭還在我們面前。黨的祕密機關必須保存。

他號召全體黨員和工人：

勇敢地前進吧！拿起新的武器。把武器分發給新的人，擴大自己的根據地，號召所有社會民主主義者工人到自己這裡來，把他們成百成千地吸收到黨組織中來。

列寧在第二篇文章說明有關農民問題的政策。

在聖彼得堡成立了工人蘇維埃後，在其他城市裡也成立了蘇維埃。蘇維埃成了革命的組織中心。

被革命的規模所嚇倒的孟什維克，想把蘇維埃變成市議會這類的自治機構。在列寧看來，蘇維埃是起義的機關，是人民政權的胚胎。列寧指出，蘇維埃必須進一步加強組織無產階級，以及準備反對沙皇制度進攻。

在莫斯科、羅斯托夫、葉卡捷琳堡、薩馬拉、哈爾科夫、葉尼塞斯克及其他城市，都成立了工人蘇維埃。布爾什維克領導這些蘇維埃，並按照列寧的指示把蘇維埃變成了革命的戰鬥中心。

西元 1905 年 11 月，全俄郵電工人總罷工。黑海艦隊裡爆發了新的兵變，其他軍隊裡也發生兵變。布爾什維克在列寧的領導下，不倦地組織群眾發展他們的戰鬥組織，積極領

導國內的革命鬥爭。各地組織堅持執行列寧的計畫：組織全國性的武裝起義以戰勝沙皇政府！

由於列寧的發起，12月在芬蘭的塔墨爾福斯舉行了布爾什維克第一次代表會議。預定的黨代表大會未能舉行。因為有許多代表正在領導革命鬥爭，不能離開工作地點，所以只開了代表會議以代替大會。

由列寧提議，塔墨爾福斯會議把黨的土地綱領根據第三次大會的決議加以改變。宣稱它擁護農民的革命手段，包括沒收地主的一切地產。史達林是南高加索的代表，他積極參加了這次代表會議。

在這裡，史達林和其他許多代表第一次遇見列寧。列寧和平常一樣，在許多代表到會以前，就毫不耽擱地來到會場，立刻和先到的人談了起來。他總是純樸而謙和，可是每一個人又都知道，這個外貌不引人注意的矮個子，是無產階級政黨的領袖，他的每一句話他們都能聽進去。史達林後來描述了列寧關於時事和土地問題的演說在大會上所產生的印象：

> 這是使人興奮的，使代表會議會場歡欣鼓舞的演說。
> 非凡的說服力、簡單明瞭的論據、簡短通俗的詞句，
> 沒有矯揉造作，沒有專為加深聽眾印象令人頭暈的手
> 勢和力求效果的詞句。這一切都使列寧的演說遠勝於

一般會議演說家的演說。可是當時使我佩服的還不是列寧演說的這一方面。當時使我佩服的是列寧演說中那種不可戰勝的邏輯力量。這種邏輯力量雖然有些枯燥，但是緊緊抓住聽眾，一步一步感動聽眾，然後就把聽眾俘虜得一個不剩。

西元 1905 年的最後三個月約有一百五十萬人挺身罷工。

農民反對地主的剝削，是在工人階級革命鬥爭的直接影響下發生的。1905 年春，只有俄國百分之十七的地區發生農民鬥爭，而到 1905 年 11 月，則已有一半以上的地區發生了農民鬥爭，千百座地主的莊園被摧毀，工人階級的革命鬥爭與農民起義，嚴重地動搖了沙皇制度的支柱。

堅決抵制杜馬選舉

西元 1905 年 12 月，沙皇政府行動，聖彼得堡工人蘇維埃的代表被捕了。革命繼續，對政府的反擊沒有停止。堅決抵制杜馬選舉就是最具代表性的反擊。

根據俄國共產黨布爾什維克的決議在莫斯科開始的總罷工發生了示威運動，甚至和軍隊發生了衝突。至此，由布爾什維克莫斯科委員會領導的罷工，發展成了武裝起義。全城到處都建起了路障。沙皇從聖彼得堡調來了砲兵與近衛兵團鎮壓工人。

沙皇的軍隊包圍了革命隊伍集中的普列斯尼亞區。政府

的砲兵摧毀路障,工人大批被捕、遭到槍殺。莫斯科起義在長期浴血戰鬥後被鎮壓下去了。

其他城市如頓河羅斯托夫、索爾莫沃,以及在拉脫維亞、南高加索等地的城市裡也發生了起義與巷戰。但這些城市裡的起義也都被殘酷地鎮壓下去了。

西元 1905 年末的鬥爭實際上是一場選擇鬥爭道路的鬥爭。這場鬥爭起伏很大:起初革命人民占了上風,使舊政權不可能立即把革命引上君主立憲的軌道,掃除了警察與自由派的代表機關,建立了純革命類型的代表機關,即工人代表蘇維埃等。在這場鬥爭中,群眾最自由,主動精神充分、工人運動發展得廣泛迅速,因為當時人民的衝擊清除了君主立憲的機關、法律和種種障礙,出現了一個「政權空白時期」。舊政權已被削弱,而人民的革命新政權還沒有強大到足以完全代替舊政權。

但是,12 月鬥爭的結果卻相反:舊政權勝利了,擊退了人民的衝擊,保住了自己的陣地。但不言而喻的是,當時還沒有理由認為這個勝利是決定性的勝利。

列寧總結了當時的形勢,指出 12 月起義是無產階級鬥爭向前邁進的新一步。他提議黨應該學習這次起義的經驗,更有組織地準備對沙皇進行一次新的進攻。由此,西元 1905 年 12 月的革命被繼續,表現為 1906 年夏天爆發了一連串分

散的、局部的軍隊起義和罷工。

在 12 月起義失敗以後，孟什維克竟斷然放棄了他們所有的革命立場而宣稱：「他們本來就不該拿起武器的。」詆毀無產階級的鬥爭。

12 月起義失敗後，沙皇政府一再限制曾經宣布過的杜馬（按，也就是下議院）的權力。西元 1906 年 2 月 20 日的詔書給了國務會議批准或否決國家杜馬所通過的法案的權力。1906 年 4 月 23 日又頒布了經尼古拉二世批准的《國家根本法》，將國家政策的最重要問題置於杜馬管轄之外。

在起義風起雲湧的 1906 年初，俄國處在國家杜馬選舉的前夜。布爾什維克宣布抵制，列寧要求利用杜馬來宣傳革命，並揭露杜馬的本質，指出它是人民代表機關的拙劣偽造品。他指出：

> 革命還沒有結束，人民奪取政權的鬥爭還在進行，必須準備新的高潮、準備起義。國家杜馬是笨拙偽造出的人民代表機構。工人與農民不能把他們的代表選為杜馬。參加選舉不會加強，而只會瓦解無產階級的戰鬥準備。參加選舉會使人民相信，杜馬也可為人民的解放做些事情。因此他們無論如何不能參加杜馬，必須抵制杜馬。準備革命的進攻才是真正重要的事。

布爾什維克按照列寧的指示，不參加選舉。但是孟什維克主張參加選舉。他們想迅速地從革命轉入和平狀態，他們

羨慕歐洲的改良主義者，追求國會中的改變。他們想快速與資產階級達成默契，並且準備和專制政府妥協。

西元 1905 年的十月鬥爭是反對革命轉上君主立憲制軌道的鬥爭。這一時期就是實現無產階級真正民主、普遍、勇敢、自由立憲的時期，這種立憲真正表現了人民的意志，而與杜巴索夫和斯托雷平立憲制時期的假立憲迥然不同。要爭取真正民主立憲的革命，就要反對用警察式君主立憲制來誘惑人民。

抵制，是一場由歷史墳墓中挖掘出的決定和未來發展可能的鬥爭、是一場決定該由舊政權還是由嶄新自發的人民政權召開俄國第一次代表會議的鬥爭、是一場決定直接革命還是君主立憲的鬥爭。

列寧積極地指揮政黨工作，他在聖彼得堡的黨會議上發表演說，到莫斯科去向那裡的黨組織說他的主張。列寧在他的小冊《立憲民主黨人的勝利和工人政黨的任務》，解釋了無產階級與農民的革命專政是什麼。它是「人民用暴力對付以暴力壓制人民的人……不受限制、不顧法律、憑藉實力的政權，這就是專政」。「沙皇專制政治是少數人用來對付人民群眾的專政。無產階級與農民的革命專政則是對付剝削者，對付壓迫人民的少數人的多數人專政。」列寧號召工人農民繼續向沙皇制度進攻。

　　為了發動更大規模的武裝起義，李維諾夫、斯托莫尼亞科夫和其他布爾什維克人受到列寧的囑託，開始到各國去購買軍火。李維諾夫裝作一個厄瓜多爾的軍官購買來福槍，在保加利亞裝上快艇，假稱是運給土耳其亞美尼亞人的。一場暴風雨妨礙了這次裝運。但是購買軍火的事並沒有停止。

積極參加第二國際活動

　　西元 1907 年秋，列寧出國去出席在司徒加特召開的國際社會黨代表大會。在爭取支持者的鬥爭中，列寧一貫積極參加了第二國際會議。

　　第二國際於西元 1889 年在巴黎組建，由恩格斯擔任主席。恩格斯基本上繼承了正統馬克思主義的民主憲政理念，但比馬克思更強調內戰和「專政」的不可避免，也嚴厲批判所謂「革命成功後的革命專政」。

　　在第二國際會議期間，列寧嚴肅地指稱投機主義者是勞工運動中資產階級的代理人，耐心地向外國工人解釋布爾什維克主義的本質。

　　在第二國際司徒加特大會的議事日程上有幾個非常重要的問題：反戰鬥爭問題，殖民政策問題以及其他問題，這些問題不久就使第二國際分裂成兩半。

　　在這次大會上，德國的代表團提請大會透過一項為殖民

擴張政策進行辯護的決議。德國的社會民主黨已經開始採取擁護殖民地政策的立場。在列寧領導出席大會的革命代表進行了一場論戰以後,這個提議被否決了。

在論及這個問題時,列寧說:

> 殖民政策使一部分無產階級沾染上了殖民的沙文主義,而屈服於資產階級思想。資產階級政府從他們在殖民地的掠奪物中丟一些殘羹剩飯給工人的上層分子與某些「領袖」,收買了他們,從而使他們成為自己的奴僕。

列寧看到了歐洲勞工運動面臨的危機,這危機使第二國際在大戰爆發時完全破產,背離無產階級國際主義,出賣了工人階級的利益。列寧提出徹底反對軍國主義的議題,竭力促使大會在這個問題上透過他的決議。

列寧指出,只有在決議指出了社會革命的必然性、指出無產階級預備採用最革命的鬥爭方法時,這個決議才有意義。

列寧和其他幾個代表對反軍國主義的決議草案作了修改。這些修改說明軍國主義是階級壓迫的主要武器,指出必須在青年中進行宣傳,並且強調社會民主黨的任務不單是反對戰爭,而且要利用戰爭引起的危機,加速資產階級崩潰。

利用戰爭所引起的危機加速資產階級的崩潰,實際上已

經包含了列寧後來提出的「變帝國主義戰爭為國內戰爭」這個口號的萌芽。

這些修改在大會上透過，決議「真正有了豐富的思想，並且確切地指出了無產階級的任務」。

在大會上，列寧爭取了羅莎‧盧森堡、克拉拉‧蔡特金及其他一部分左派的支持，並召集了地下左派會議，以對付第二國際的投機主義。

當左派揭發第二國際的投機主義政策時，列寧支持他們，而當他們離開堅定的革命政策時，列寧也批評他們。列寧在司徒加特大會之後不久寫的一篇論文中說：

> 如果我們還想忠於馬克思的精神，幫助俄國社會主義者，擔起現代工人運動的任務，我們就應該毫無顧慮地坦率批評德國領袖們的錯誤。

在司徒加特大會以後，列寧代表布爾什維克黨成為國際社會黨執行局的一員。在過去，第二國際的投機主義者用各種方法阻礙列寧參加國際工人運動的中央機構，在孟什維克反對布爾什維克的鬥爭中，他們總是支持孟什維克。這一次他們卻不得不讓步了，因為已不能再否認俄國的工人政黨由列寧領導。

在國際執行局，列寧繼續反對歐洲工人運動中的投機主義，堅持不懈地揭發第二國際的投機主義。在《馬克思主義

和修正主義》這篇論文中，列寧寫道：

> 革命馬克思主義者和投機主義者之間的分歧，到了無
> 產階級直接革命的時期，一定會不可避免地變得更尖
> 銳，而革命者和投機主義者是會站在兩條不同的戰線
> 上的。

如果把馬克思主義的發展史比作一個鏈條，第二國際就
是這一鏈條中最為關鍵的一環。從第二國際的歷史看，它後
來總體走上了改良主義的道路，但其內部以列寧為代表的革
命派卻借西元 1917 年俄國十月革命建立新政，兩年後成立
了統領全世界社會主義政黨支部的第三國際。

因此可以說，第二國際是國際共產主義運動由馬克思主
義向列寧主義轉變的關鍵點。

冰雪歷險親往國外辦報

西元 1907 年 10 月的一個深夜，一列火車呼嘯著從赫爾
辛基駛向芬蘭的港口城市土庫。車內暗黃的燈光映出車外漫
天的飛雪，寒風呼嘯著捲起銀白的雪花，翻捲、飛舞、灑落。

此時，火車裡的乘客都進入了夢鄉。列寧機警地從車廂
悄悄地走出來，來到燈光幽暗的車廂走廊上。他手裡提著一
個箱子，輕手輕腳地向車間走道走去。在走道上有一扇門，
門外面就是冰封的大地。

提著箱子的列寧打開了對向月臺的車門，刺骨的寒風打上臉龐。火車開得很快，車廂搖晃，人都站不穩。列寧在隆隆的火車聲中深深地吸了一口氣，然後縱身一跳，向空曠的大地衝去。

列寧跌倒在一個深雪堆裡，衣服、鞋子裡都進了雪，臉碰在地上，但骨頭完好無損，一切安然無恙！火車自雪堆旁開過，最後一節車廂通過月臺，燈閃了一下，火車消失了。接著，火車的隆隆聲也淹沒在前方的風雪中。夜色茫茫，只有頭頂的繁星眨著眼睛。

終於成功了！終於逃脫了火車上密探的追捕！

列寧從雪堆裡爬出來，抖落一身積雪，擦了擦臉上的雪珠。

這已是列寧第二次到國外出版報紙了。西元 1901 年以來，為了出版《火星報》，他曾到過德國慕尼黑、英國倫敦和瑞士日內瓦。《火星報》大大激勵了俄國工人們的鬥爭。

從 1903 年至 1905 年，俄國工人、農民起義像燎原之火燒遍全國。沙皇害怕失去自己手中的權力，用警察、軍隊瘋狂地鎮壓、摧殘革命。很多革命者被捕、流放，甚至處以死刑。在這種形勢下，《火星報》的編輯權於 1905 年落到少數派孟什維克手中。列寧領導的多數派布爾什維克馬上又創辦了《前進報》和《無產者報》。

　　在沙俄的白色恐怖中，為了使《無產者報》正常出版，也為了列寧的安全，布爾什維克黨中央決定：列寧應該遷居國外。這次，列寧從芬蘭去往瑞典的斯德哥爾摩，就是為了出版《無產者報》。然而在列車上，他發現了跟蹤他的俄國密探。他知道，他的行蹤已經暴露，在亞波的月臺一定有等著逮捕他的俄國警察。為了擺脫被捕的危險，他必須奮力一搏。於是，列寧跳下了飛馳的火車。他成功了！

　　列寧沿著鐵軌向前走去，從這走到亞波恐怕要 12 公里。但列寧情緒卻很高昂，在他以往的鬥爭歲月中，不知多少次成功地逃脫了密探的跟蹤、追捕。這一次險象環生，但贏得乾淨漂亮。

　　接下去，他要走到亞波，在那裡搭乘開往瑞典的輪船。然而不幸的是，他沒有趕上船班。怎麼辦？亞波港口布滿了俄國的憲兵和密探，危險到處都是，必須盡快離開這裡。

　　「列寧同志，我們有辦法了！」芬蘭的同志用船把列寧送到了亞波陡峭海岸上的漁村。這個漁村到處都是島嶼、半島、海灣，兩個漁民同意將列寧送到其中的一個小島上，因為瑞典的輪船經常停靠在這個島。在那裡，列寧可以搭乘一艘開往斯德哥爾摩的輪船。

　　「烏拉奇米爾先生，到那個小島的沿途很危險，都是滑動的冰塊，恐怕要冒很大的風險。」一個漁民提醒說。

「我不怕。」列寧堅定地說，因為他知道，在斯德哥爾摩等待他的不僅是安全，更重要的是他的事業，俄國有千千萬萬的工人、農民等待著《無產者報》指導他們鬥爭。「謝謝你們，在這麼冷的夜晚護送我。」

「烏拉奇米爾先生，我們知道您是反對沙皇的領袖，我們是芬蘭人，芬蘭也被沙皇控制、欺侮，能護送您是我們的榮幸，也是我們的責任。」漁民們異口同聲地說。

黑夜沉沉，風雪交加，引路的人沿著危險的冰塊走著，冰上有些地方露出可怕的裂紋，有些地方有水冒出來。列寧堅定又小心地走著每一步，用竹竿探路，同時緊盯前面的漁民。突然，冰抖動了一下，響起如射擊一般的破裂聲。冰塊傾斜，開始慢慢從腳下移開，冰塊的裂縫裡冒出水，列寧用竹竿在周圍探來探去，但探不到底。

糟了，掉進了冰洞！列寧感到自己在下沉。列寧告訴自己要沉住氣，忽然有人向他伸過一隻手，他抓住了，縱身一躍。救他的漁民拍了拍他的背，說了句芬蘭語，接著是句德語：「小心，同志！」

他是多麼高興啊！他沒有淹死在冰下，可以繼續人民的事業，「同志，感謝你！」列寧激動地說。

列寧好不容易到了島上，瑞典的輪船把他帶到了斯德哥爾摩。他快步走在秋天的斯德哥爾摩街頭，不久，瑞典的

「人民之家」出現在前方。列寧走了進去，敲開一個房間門，一群俄國僑民圍了上來。他們都是布爾什維克。

「列寧，歡迎您！」「列寧，見到您真高興！」一陣陣友好的問候包圍著列寧。他們親切地和他握手。

這些都是來自俄國的政治僑民，他們從文章和書中，從布爾什維克的報紙裡，從黨代表大會上認識了列寧，他們由衷地欽佩他。今天，他們邀請列寧來到「人民之家」，就是想親耳傾聽列寧的報告。

列寧心情激動地走上了講臺。作完報告，人們又圍住了他，提出一個又一個他們所關心的問題，列寧都耐心地作了回答。

走出人民之家已是黃昏，金色的陽光擁抱著平靜的街道，落葉沙沙飛過耳邊，跳著金色的舞蹈。

在反對勢力築起的困境下，處於地下狀態的布爾什維克黨在列寧領導下壯大起來，與廣大工人階級建立了密切地接觸。

加強基礎建設

西元 1908 年 12 月在巴黎召開布爾什維克黨代表會議。列寧在會議上指出，要著力加強黨組織建設，工廠與作坊中的黨小組應該成為黨組織的基礎。會議一致擁護列寧的這一

立場。

1910 年春，列寧參加哥本哈根的國際社會黨大會，團結起第二國際的左派，使大會的決議都帶有革命性。

在大會上，列寧鬥爭投機主義分子、妥協分子和各種調和分子。他在演說中向外國工人們解釋布爾什維克主義的本質、在外國的社會主義報紙上寫文章，使外國工人們了解俄國革命與布爾什維克的意見。

這年夏天，列寧在巴黎近郊成立黨校，接納從俄國來的布爾什維克工人。這個學校是布爾什維克黨校。在各種艱難困苦的條件下，列寧不倦地團結布爾什維克，挫敗敵人想瓦解布爾什維克的企圖，打垮黨內左右投機主義分子，把布爾什維克黨鍛鍊得如鋼鐵一般。

1910 年底，在聖彼得堡又舉行了街頭示威，萬人上街反對沙皇制度。一個新的罷工浪潮正在興起。

列寧看到新的革命浪潮迫近，黨組織必須迅速加強。而要做到這點，必須與投機主義分子和一切動搖分子徹底分裂，必須把追隨孟什維克的工人延攬過來，同時打擊工人階級的叛徒。

列寧決定再召集一次黨代表會議。這次會議於 1912 年初在布拉格召開，團結了布爾什維克的力量。這次會議準備得很周密，在開會之前，俄國組織委員會在俄國各工業中心舉

辦了很多活動。由於列寧的堅持,只有俄國地下布爾什維克組織代表才可以被選為代表出席會議。

這次代表會議,意味著布爾什維克黨內克服了反列寧主義的傾向,且沒有留下任何可以讓孟什維克等消極派鑽入黨內的空隙。布拉格會議選舉了一個新的中央委員會作為黨的引路人,當時,流放中的史達林也被選入了中央委員會。

布拉格代表會議指出,黨的基礎在於地下工廠小組,黨必須依靠祕密的地下組織,同時必須廣泛地利用一切合法的鬥爭形式,如杜馬議會、工會、工人社團與報紙。對於即將進行的第四屆杜馬的選舉,布爾什維克黨提出了這樣的口號:

建立民主共和國!實行八小時工作制!沒收全部地主土地!

在當時報紙上,這三個口號被叫做「三個柱石」。而最重要的任務是利用合法機會,讓屬於各種合法組織的工人都歸於黨的領導。

布拉格代表會議鞏固了布爾什維克黨,並且讓它歸於列寧帶領。列寧對代表會議的決議案作了通俗的說明,並動員黨員團結意見。他努力使決議案在一切社會民主工黨組織中被徹底討論,要求俄國各地的黨委會毫不遲延地透過決議,表明他們對會議的態度,並且積極執行代表會議的決議案。

大部分俄國黨組織站在布爾什維克一邊。史達林從流放

地逃回，就奉中央委員會的指令，巡視了俄國許多地方，準備五一勞動節的示威。

這時，列寧住在巴黎郊外一個小公寓。他的書齋是一個小房間，廚房也就是餐廳、起居室與會客室。列寧的生活非常艱苦，吃得苦、穿得破。但他毫無怨言。有人問過列寧生活得如何，列寧回答他的生活並不比一個普通的法國工人壞。實際上他是在更壞的條件下生活著。

列寧在巴黎的生活過得相當緊繃，他要探討科學的革命理論、參加國際社會主義委員會、設法把祕密印刷品運回俄國、籌劃召開社會民主黨第五次全俄代表大會，還要領導國家杜馬中的社會民主黨派。除去這一切工作，還要舉行報告會、討論會，參加無產者的許多政治示威遊行。他還克服種種困難，組織出版了《俄國工人報》，每天寫一至兩篇文章。

西元 1911 年春天，俄國的年輕工人特羅菲莫夫乘火車來到了巴黎，他從流放地被黨組織派遣到列寧即將在巴黎郊區創辦的黨校學習。列寧親自到特羅菲莫夫的寓所來和他見面，與他一起在街頭漫步，邊走邊談。特羅菲莫夫想不通為什麼要派他來巴黎，他認為這個時刻辦黨校沒有什麼用，革命應該有實際行動，而不是空發議論。列寧告訴他要善於革命必須學習，要吸取歷史的教訓。特羅菲莫夫後來站到了列寧一邊。

在巴黎期間，列寧還騎自行車到巴黎郊區的德拉韋伊

去拜訪馬克思的女兒勞拉・拉法格和女婿保爾・拉法格。後來，列寧又在拉法格的葬禮上，激動地稱拉法格為馬克思主義思想最天才的傳播者，並認為俄國革命時期和反革命時期的階級鬥爭經驗，輝煌地證實了馬克思主義是正確的。

像馬克思一樣，列寧在艱難的物質條件下生活，也像馬克思一樣，把全部精力與力量獻給了工人階級，獻給了世界的革命事業。

在空閒時，列寧喜歡到鄉下騎自行車或散步。有時候，夏天他會設法到海邊去。他極喜歡游泳，愛好海與海上的和風。他喜歡參加工人的集會，喜歡到工人的咖啡館去。他帶著極大的興趣傾聽歌手唱反對資產階級與政府的歌曲。

領導真理報及俄共布工作

俄共布，也就是指俄國共產黨中布爾什維克一支。西元 1912 年夏，列寧搬到克拉柯夫，和俄國的邊境已經很接近了，得到黨內來的信、報紙和消息更快。他對於時事可以反應得更迅速，可以立刻對在俄國工作的同志發出指示。另外，克拉柯夫的警察對於外國革命者的監視也不像巴黎那麼嚴。

最重要的，列寧可以從這裡更直接地指導《真理報》出版，以及俄共布的全部工作。

俄國國內事態發展。1912 年 4 月，連納金礦的工人向政府和平請願，要求釋放罷工時被捕的幾個同志。軍警向工人開了槍，有 270 人犧牲，幾百人受傷。

連納的槍殺事件在全國工人中掀起憤怒的浪潮，導致政治性罷工席捲所有工業中心，到處都是街頭示威。1912 年，差不多有一百萬人參與罷工，列寧意識到，又一個新的革命浪潮已經開始了。

在這個時期，新的工人報紙《真理報》出現了。《真理報》的創刊號在 1912 年 5 月 5 日出版，當時，合法的布爾什維克日報出版對於工人階級和他們的政黨都是偉大的勝利。這個新的報紙是工人階級的產物，出版費用也自工人中募集而來。

史達林是這個報紙的創辦人和領導人之一，在後來的一篇〈紀念《真理報》創刊十週年〉的文章裡說：「《真理報》是在我們黨的成長期問世的。」「這是擁護布爾什維克的工人為維護黨而進行的英勇鬥爭。」

《真理報》正是列寧一向盼望的報紙。它不僅是鼓動者、宣傳者，而且是組織者。

列寧每天為《真理報》寫文章。他在信裡指示編輯部，告訴他們怎樣辦報，報紙發行的注意事項。

許多特約工人記者團結在《真理報》旗下。每一期《真理

報》都系統性地介紹工人的生活、工廠與工作室中的生活，工人鬥爭的每一階段都在《真理報》上得到回應與支持。《真理報》也成了工人們愛讀的報紙。

　　成千上萬特約工人記者在工廠與工作室中派發報紙，把報紙與群眾連結在一起。《真理報》反映了工人的要求，並指示他們組織起來反對沙皇制度與資本主義。

　　由於對取消派、社會革命黨以及各種投機主義分子進行了不妥協的鬥爭，《真理報》在無產階級間傳播了布爾什維克的精神，它是布爾什維克的旗幟。

　　西元 1912 年夏，第三屆杜馬任期期滿，它是第一個結束了整整五年任期的議會。第四屆杜馬的選舉又迫近了。布爾什維克黨中央委員會考慮到這次選舉異常重要，便採取新的策略，指示各地黨組織動員全部力量參加選舉活動。

　　列寧利用了一切可能的方法，在克拉柯夫地下指揮整個選舉運動，他把有關選舉的論文寄給《真理報》，指示聖彼得堡的黨負責人。布爾什維克黨認為杜馬選舉運動是進行宣傳的機會，是組織工人群眾的方法之一。布爾什維克並沒有把選舉變成光為爭取杜馬席位的鬥爭，杜馬黨團在杜馬內外的活動有極其重要的革命意義。

　　選舉條例定得使工人極不容易把自己的代表選入杜馬。不出所料，選舉的結果是黑幫分子得到多數。但是少數被工

人選入杜馬的，卻完全是布爾什維克的代表。有 6 個布爾什維克代表獲選，很少的幾個孟什維克人是從非工人地區選出來的。

國內革命運動的迅速發展促使新的黨代表會議召開。西元 1913 年 10 月，代表會議在東歐加里西亞地區的村鎮波羅寧開會。列寧和另外幾位中央委員曾在那裡度過夏天。

在這個會議上，民族問題被專門列出討論。

1914 年，革命運動繼續高漲。在五一勞動節那天，全國有 100 多萬工人舉行罷工，以擁護布爾什維克黨為口號。在彼得堡發生規模極大，涉及所有工廠的罷工，大約有 30 萬工人參與行動。工人築起路障，與軍隊發生了巷戰。在巴庫和俄國其他工業城市，也發生了激烈的罷工。

布爾什維克黨人在數量上增多了，在力量上加強了。為了召集下一次黨代會，列寧加緊做了各種準備。

當一戰槍聲響起的時候

1914 年 8 月 1 日，德國宣布對俄國開戰。接著，它的盟國奧匈帝國也對俄宣戰。而法國、英國對奧匈帝國、德國宣戰。第一次世界大戰開始了。

此時的列寧正住在波蘭的波羅寧，他早已預感到了戰爭的風雲。波羅寧是波蘭的小城，或者更確切地說是個村子，

那時它處在奧地利人的控制之下。

　　波羅寧的無數婦女，有俄國的、德國的、法國的、英國的、奧地利的，哭著擁抱兒子和丈夫，男人們奔赴前線參加戰爭，在生與死的距離之前，這也許是最後一次道別。

　　在大戰最初的日子裡，奧地利憲兵逮捕了在波羅寧的列寧。理由是他經常寫一些東西寄往俄國，所以他是俄國派來的特務。

　　在列寧被搜查時，奧地利憲兵在他身上發現了一些統計圖表，這些圖表被認為是暗號。特務報告他在市郊散步，說「他爬上山去測量道路」。憲兵僅憑這些無中生有的臆想揣測出的「證據」就逮捕他。

　　列寧面臨著死刑的威脅，妻子克魯普斯卡婭承受了巨大的痛苦。離列寧的刑期還差兩週，在千鈞一髮的時刻，許多同志聚在一起為列寧張羅斡旋。

　　他們的努力終於成功，把列寧救出了監獄。然後夫妻倆從波羅寧來到了伯爾尼，伯爾尼是中立國瑞士的首都，那裡是沒有硝煙的地方，生活和平寧靜。

　　然而，列寧不能甘於寧靜，他時刻牽掛著戰火紛飛的俄國。在那裡，他的同胞們，那些工人、農民正在浴血奮戰，為沙皇、為資本家無辜地犧牲生命。

　　「娜佳，我們不能等了，應該召開會議，討論這場戰

爭。」列寧堅定地對克魯普斯卡婭說。

在一個寧靜的清晨，列寧和克魯普斯卡婭匆匆忙忙吃過早飯，走出了家門。

伯爾尼的清晨像往常一樣，人們在教堂裡祈禱，阿爾河的大橋上已經有稀疏的車流透過。大街兩旁許多房屋上都畫了城市代表物，咖啡色的熊。

列寧和克魯普斯卡婭在迪斯特爾小街上走了 10 分鐘，小城就走完了。

在城後是一片森林，秋天的森林裡色彩繽紛。他們走在彎曲的山路上，翻過一個土丘，路越來越高，越來越陡峭，兩邊長滿了蒼勁的落葉松。在路的轉彎處，跳過小溝，用手扒開灌木叢有一塊空地。只見幾個人用衣服和雨衣墊著坐在那裡。

「同志們，你們好。」列寧說。

後面的樹枝「喀嚓」一聲，松葉搖晃起來，裡面伸出了一個頭。密林深處走出一個人，他提了一隻柳條籃子，伯爾尼人去野餐時，經常用這種籃子提早點。

人們是來野餐的嗎？當然不是。昨天列寧剛到伯爾尼，這些人就得到消息，今天在伯爾尼的森林裡要召開一個會議，一個晚上，同志們接二連三互相轉告。布爾什維克的同志們在指定時間相逢了。

戰爭已經落到俄國人民和其他國家人民的頭上,列寧說:

> 戰爭對誰有利?對資本家有利。在戰爭中,資本家賺
> 取數十億金錢。他們透過販賣武器和其他物資賺錢,
> 透過向新占領的城市輸出商品賺錢。他們以保衛國家
> 欺騙工人和農民,實際所為卻不是為保衛國家,而是
> 為保衛資本主義的利益。

應該向士兵、工人、農民解釋:武器在你們手裡。全世界的士兵和無產階級應該調轉槍口反對自己國家的帝王和資本家。打倒非正義的戰爭,以戰爭反對戰爭。

這就是列寧在伯爾尼森林中的演講。關於這個問題,他寫了許多文章和筆記寄往俄國,布爾什維克同志們在前線的工人、農民中悄悄地散發。

士兵們讀了文章和筆記,不斷思考:是不是用這些槍掃射工廠主和地主、打倒沙皇,這樣就可以開始新的生活方式?

西元 1915 年秋天,義大利的左派提議召集一個馬克思主義者的國際會議。列寧抓住這個機會,在瑞士的齊美爾瓦爾德召集了一個代表會議,利用這個國際會議宣傳布爾什維克的口號。

1916 年 4 月,由列寧倡議,布爾什維克在伯爾尼附近的昆塔爾召集了第二次國際會議。列寧在這次會上得以團結更

多的擁護者，為後來的第三國際的建立鋪平了道路。

在新的形勢下，列寧看到，帝國主義戰爭已經造成了一個全新的世界局勢，它清楚地表明，資本主義已經進入了一個新的階段。必須分析這個世界歷史中的新階段，藉以確定無產階級政黨的策略，並且指出無產階級革命迅速發展的必然性。

列寧在伯爾尼期間還在寫一本關於帝國主義的書，書的名字叫《帝國主義是資本主義的最終階段》。書中講了資本家不發動掠奪性戰爭就無法生活下去。他們侵略別的國家，把它們變成殖民地，擴大自己的原料來源和商品市場。他們靠犧牲別人的利益使自己越來越富。

他們急著瓜分世界，占領更大的地盤。人民的生活在帝國主義時代更糟了。但是列寧相信，工人階級的力量和理性在不斷地成長，社會主義革命的時間即將到來。

在經過長期的忙碌和籌劃後，瑞士的同志為俄國僑民革命者張羅到了列寧回家的通行證。能返回俄國的還有布爾什維克其他領導者。

車輪轟鳴，火車飛奔，列車飛馳過瑞士光彩奪目的湖水和雄偉的高山，駛入德國井井有條的田野。穿過德國，波羅的海展現在眼前，從波羅的海到達瑞典，再從那裡去芬蘭。儘管路途遙遠，但很快就到被沙皇改名為彼得格勒的聖彼得

堡了。

1917 年 4 月 3 日晚間，彼得格勒的「芬蘭車站」廣場和附近的街道上，到處都是人山人海，工人、士兵和水兵高唱著革命歌曲，手擎燃燒著的火炬和寫著「向列寧致敬」的橫幅。雖然夜已經很深了，但手持紅旗的人流還是絡繹不絕。

廣場上停著一輛裝甲車，道路兩旁由男女工人擔任警衛，探照燈的耀眼光束劃破夜空，照亮了車站廣場。人們興高采烈、情緒高漲，急切地等待著領袖的歸來。

23 時 10 分，列寧乘坐的列車駛進月臺，車站立刻沸騰起來了，儀仗隊奏起了《馬賽曲》。人們歡呼雀躍，不停地揮舞著自己的帽子，許多人流下了眼淚。

列寧剛剛走下車廂的階梯，工人們就立刻把自己的領袖高高地抬起來，穿過人群，一直舉到過去專供沙皇休息的車站大廳。列寧在這裡第一次向彼得格勒的無產階級致以革命的敬禮。他走上月臺時，一位大尉走到他的面前，立正向他報告。這種意外的歡迎儀式，使他感到有些不安，他馬上行了個舉手禮。然後和全體歸國同志檢閱了由克隆斯塔特水兵組成的儀仗隊。

列寧來到車站廣場，水兵和士兵把列寧擁上裝甲車。列寧站在裝甲車上，面向著人群，在兩束探照燈光的照射下，向群眾發表了簡短的演說。

他身上的大衣敞開著，塞在口袋的一頂便帽露在外邊，一隻手向前高高舉著，向成千上萬的人群高呼：「社會主義世界革命萬歲！」人們用經久不息的「烏拉！」向自己的英明領袖歡呼致敬。

在人群的簇擁下，列寧乘裝甲車向當時黨中央委員會所在地駛去。

本來步行只需一小時半的路程，裝甲車卻開了將近兩小時，列寧停留了幾次，向沿途的群眾致意。

在公館的樓上，舉行了一個氣氛熱烈的歡迎茶話會。大家又一次唱起了《馬賽曲》，列寧提議唱《國際歌》。

由於大部分同志不熟悉，因而唱得不好。列寧嚴肅地指出，大家只會唱資產階級革命的歌曲，而不會唱全世界無產階級自己的戰歌，實在太不應該。

公館的周圍站滿了工人和士兵，久久不願離去。列寧站在陽臺上，再次發表了演說。

他一再高呼「社會主義革命萬歲！」這一口號，宣告布爾什維克將要把革命推向新的階段。

列寧的歸來，使俄國的革命有了明確的方向。一場震驚世界、開闢歷史新紀元的紅色風暴即將到來。

指導革命

十月革命

貽誤時機或驚慌失措，就等於喪失一切。贏得了時
間就是贏得了一切。等待就是對革命犯罪。

—— 烏拉奇米爾・依里奇・列寧

與臨時政府展開較量

西元 1917 年 4 月，列寧從芬蘭回到彼得格勒，並於 4 月 17 日在塔夫利達宮布爾什維克會議上作〈論無產階級在這次革命中的任務〉，又稱〈四月提綱〉的報告，於 4 月 20 日刊載在《真理報》上。這是他回國途中在火車裡寫的。

列寧告訴人們：

> 推翻沙皇之後，地主和資本家組成的臨時政府掌握了政權，他們不關心工農的利益，只關心自己的財產；工農代表會議已建立蘇維埃政權，必須加強蘇維埃的力量，推翻臨時政府，建立工農政權，同時要與和臨時政府妥協的少數派孟什維克決裂。

列寧預計到革命有和平發展的可能，因為當時武器掌握在人民手中，沒有外力壓制人民。而且，當時歐洲對俄國革命懷有敵視態度，列寧試圖以最小的代價來取得革命的勝利。他要求蘇維埃把全部政權收回手中，然後透過蘇維埃內部的鬥爭，使蘇維埃成為無產階級專政的政權。

列寧在〈四月提綱〉中曾考慮不採取一般的暴力方式去推翻臨時政府，因為蘇維埃支持它，這樣做會與蘇維埃對立，會脫離群眾。但是同時，列寧也鄭重地提醒人民，要警惕資產階級使用反革命暴力鎮壓革命。

〈四月提綱〉為布爾什維克黨提出了從資產階級民主革命

過渡到社會主義革命的路線和計畫，指出應當使政權轉到無產階級和貧苦農民手中。〈四月提綱〉為布爾什維克黨規定了革命的路線，指明了革命發展的道路。

在經濟方面，〈四月提綱〉規定沒收地主土地，全部土地國有化；把所有銀行合併為國家銀行，由蘇維埃加以監督。在政治方面，〈四月提綱〉規定由國會制共和國進到蘇維埃共和國，指明蘇維埃共和國是資本主義到社會主義過渡時期最適當的社會政治組織形式。

少數派孟什維克和資本家沆瀣一氣，千方百計迷惑農民和工人，他們在報紙上寫關於布爾什維克的各種謊言，鼓勵支持世界大戰，支持臨時政府。

為了澄清謊言，教育團結工人農民士兵，列寧在《真理報》上發表了一篇又一篇文章，解釋布爾什維克是為勞動人民的幸福而戰。他講得通俗易懂，講得令人心悅誠服，越來越多的工人和農民同意列寧的觀點。

回信像雪片一般飛來，人們紛紛向列寧表達敬意。一位士兵寫道：「列寧同志，請記住，我們所有的士兵團結一心，準備跟隨您！」

西元 1917 年夏天，彼得格勒的工人和士兵走上街頭。他們的日子太艱難了，沒有布爾什維克暗地籌劃，他們自發舉行遊行示威，「全部政權歸蘇維埃！」「打倒資本家部長！」

「我們要麵包、和平、自由！」他們滿懷信心地走著。

臨時政府的部長們害怕了。他們命令軍隊向手無寸鐵的群眾開槍射擊。為了阻止布爾什維克的宣傳工作，他們調動軍警搗毀了《真理報》編輯部，並宣布要逮捕列寧。

從此，列寧領導布爾什維克以地下鬥爭的方式，繼續與臨時政府展開較量。黨組織為了保證列寧的安全，先把他遷到了離芬蘭不遠的拉茲李維湖畔。拉茲李維湖畔的篝火在漆黑的夜裡特別明亮，這裡連接著無產階級革命的命運，列寧在這裡刻苦忘我的工作思考。夜深了，響起木槳拍擊湖水的響聲，布爾什維克黨中央代表來到列寧這裡，彙報工作、聽取指示。

列寧住在湖邊的一座草棚裡。草棚有個廚房，兩個樹枝架起一根木頭，上面掛著一個小鍋。草棚前清出了一塊空地，放著兩個樹墩，一個當桌子，一個當凳子。列寧風趣的把這裡叫做「我的綠色辦公室」。列寧坐在矮樹墩上，把高樹墩當桌子，寫出最重要的著作《國家與革命》。

列寧的《國家與革命》進一步發展了馬克思和恩格斯關於國家和無產階級專政的學說。列寧揭穿了第二國際的一些人對馬克思主義的扭曲，指出了建設蘇維埃國家所應遵循的道路。在無產階級革命前夜，列寧用建立無產階級蘇維埃國家的戰鬥理論武裝了無產階級。

臨時政府的密探盯住了拉茲李維湖畔。列寧按照黨中央的指示，裝扮成鐵路工人，避開了反動當局的監視，以一個芬蘭牧師的身分出現在赫爾辛基，住進了該城警察局長的家。

原來這個警察局長出身於無產階級家庭，心向著工人、向著布爾什維克。列寧住在警察局長家，無疑住進了最安全的地方。而且警察局長還幫助列寧傳遞寄給組織的郵件。

根據幾次郵件帶來的消息，在彼得堡和莫斯科，布爾什維克對蘇維埃的影響越來越大。人民對資產階級臨時政府失去了信心，他們越來越相信布爾什維克。得到這些消息，列寧容光煥發，興奮地在房間裡走來走去……

在成敗攸關的時刻

俄國國內的情況日益混亂。鐵路運輸已經停頓，許多城市發生了嚴重的糧荒，失業的人數日益增加，臨時政府對反革命的傾象越來越不加掩飾。

列寧當時在芬蘭的赫爾辛基，他沒有辦法直接參與中央委員會的工作。為了不暴露他的行蹤，也很少有同志去看他。於是他不得不用文章、信札來傳達他的指示。

列寧主張必須把黨的全部領導力量集中在工廠和兵營裡。他為此草擬了一個關於起義的詳細計畫。起義隊伍必須

安置在最重要的策略據點、必須占領彼得格勒、必須逮捕參謀本部和政府的人物、必須動員武裝工人、必須占領電報局和電話局等。

列寧寫了一本小冊《布爾什維克能保有國家政權嗎》。他在這個小冊裡指出，無產階級國家的力量將建築在這一事實上，即它將吸收千千萬萬的人民來參加與治理國家的工作。

「這個絕妙的方法，就是吸收貧民與勞動者參加管理國家的日常工作。」無產階級的國家將受工人和貧農擁護。蘇維埃政權的綱領將保證給予這個國家全體勞動者同情和支持。

在 10 月 16 日至 20 日的一封信裡，列寧又向中央委員會、莫斯科委員會和彼得格勒委員會建議他們必須立即發動起義。他說：「拖延簡直等於犯罪。」

在同一封信裡，又再三叮囑，「布爾什維克沒有權利等待蘇維埃代表大會，他們應當立刻奪取政權。」「勝利有把握了，而且十有八九可以不流血。」

列寧把起義的原則應用於俄國的局勢。他主張三支主力工人與海軍和陸軍配合，從占領電報局、電話局、火車站和橋梁開始。那些最堅決的分子也應當成立小部隊，去占領最重要的據點。最優秀的隊伍必須派遣去占領敵人的中樞機關。「寧可全體犧牲，絕不放過敵人！」這句話是他們的口號。

列寧看到，不能把握住起義的適當時機，就等於毀滅一切。他以旺盛的精力、鐵一般的決斷和熱誠的信念團結黨，以準備進行一次決定性的戰鬥。他還一再堅持鼓動立刻發動武裝起義。

西元 1917 年 10 月的一個夜晚，布爾什維克黨中央委員會在彼得格勒召開祕密會議，等待一個重要人物的出席。在會前，與會的布爾什維克們緊張地討論。

「現在國內的情況越來越差了，越來越多工廠停工，工人失業的情形也越來越嚴重。」

「不僅如此，世界大戰還在繼續，我們和德國已經打了四年仗，物資漸漸耗盡，火車只向前線運送軍用物資，不能為城市運糧食，不能為工廠運煤和原料，工廠只得停工！」

「給臨時政府施加壓力，要他們停止對德國的戰爭！」

「我們工人舉行遊行示威，向臨時政府提出抗議。」

「同志們！這是遠遠不夠的，應該舉行武裝起義，把政權從臨時政府手中奪回來，交給工兵代表蘇維埃政權。」隨著沉穩有力的聲音，一個人走到人群中間。

列寧的到會引起全場歡喜雀躍，大家都從座位上跳了起來，圍著他，歡呼著迎接他。他的鬍鬚修光了，並且還戴著假髮，所以很難看出他是列寧。

為了領導即將舉行的俄國工人起義，列寧前不久祕密地

十月革命

從芬蘭回國。為了躲避臨時政府的追捕，他巧妙地偽裝，並很少公開出現，因此同志們已經很久沒有見到他了。

為了統一布爾什維克的思想、有效領導即將到來的武裝起義，列寧出席了這次祕密會議。

「誰來領導整個起義？」一個布爾什維克問。

「由我們選出的革命軍事委員會領導這次起義。」列寧回答。

中央委員會針對列寧的起義計畫進行討論，大部分委員都認為這個計畫正確、清楚，因此表示贊同。

但是有兩個中央委員反對起義，他們就是季諾維耶夫和加米涅夫。他們害怕起義，意志不堅，難道工人階級能管理國家？他們不相信。但中央委員會還是通過了列寧的計畫。

然而第二天，在少數派孟什維克的公開報紙上，布爾什維克預備起義的時間、地點、準備內容都赫然出現在上面，等於告訴臨時政府關於武裝起義的一切，是誰向他們洩了密？是誰背叛了革命？正是中央委員季諾維耶夫和加米涅夫。在這成敗攸關的時刻，他們出賣了自己的組織和同志。

列寧懷著痛恨寫道：

> 他們不再是同志！在這最困難的時刻，面臨最艱鉅的任務，他們的行為是對黨和人民最嚴重的背叛。

列寧沒有膽怯，起義仍將舉行，中央委員會小心翼翼

籌備著。他們在彼得格勒的斯莫爾尼宮組建革命軍事委員會，和所有工廠保持著聯繫，在工廠裡組織了赤衛隊準備戰鬥。在彼得格勒的兩萬餘工人全副武裝，等待一聲號令開始起義。

革命軍事委員會派出布爾什維克委員到波羅的海艦隊的水兵中去，鼓動他們反對資產階級政府和海軍軍官老爺。

波羅的海艦隊是俄國勞動人民積極進行革命鬥爭的策源地之一。當時，水兵們急著要去戰鬥，整團整團的士兵轉到了布爾什維克和革命軍事委員會方面。

波羅的海艦隊在起義中具有重要地位。工人赤衛隊、水兵和彼得格勒衛戍部隊的士兵是起義中起到決定性作用的突擊力量。有 1 萬多名武裝水兵和 11 艘軍艦參加推翻臨時政府的戰鬥，在波羅的海艦隊的歷史上寫下了英雄的一頁。

另一方面，臨時政府得到布爾什維克要領導工人武裝起義的消息。他們仇恨得要命，也害怕得要命，瘋狂地糾集力量反對布爾什維克和工人。他們緊鑼密鼓地朝彼得格勒調動自己的軍隊，形成包圍圈。

顯然，革命已經到了成敗攸關的時刻。列寧立即在給中央委員會的信中寫下了這樣一段話：

> 同志們！我寫這幾行字是在 24 號晚上：情況已經萬分
> 危急，非常清楚，現在拖延起義真的就等於死亡！

根據列寧的指示，布爾什維克黨決定提前舉行武裝起義。這時，彼得格勒衛戍部隊的士兵和克隆斯塔特的水兵與工人赤衛隊，已轉到布爾什維克黨的領導下，由托洛茨基負責起義部隊總指揮。

親臨前線發布起義命令

臨時政府是不會罷手的，他們會派更多的士官生到橋上增援。士官生是臨時政府唯一可用的力量。他們企圖占領彼得格勒最重要的據點，並試圖封鎖布爾什維克黨的報紙、大肆搜捕布爾什維克黨領導人、切斷彼得格勒蘇維埃與工人區的電話聯繫、密令彼得格勒軍區司令派兵進攻革命軍事委員會所在地斯莫爾尼宮。

滿載著帶槍的士兵和工人的布爾什維克的卡車在城中駛過。在城中的交通要道涅瓦河橋上，赤衛隊員在站哨。臨時政府派出的士官生也來橋上布崗，被赤衛隊員趕跑了。

交通員埃諾・拉希亞及時把這一狀況報告給列寧。

列寧聽完報告以後，立即從椅子上站起身。他知道，如果士官生代替赤衛隊員在橋上把守，所有的地區就會被他們隔開，士官生足以獨自打敗革命工人。他沒說一句話，迅速地從五斗櫃裡掏出了自己的假髮。

「您要幹什麼？」拉希亞警覺起來，黨指派他保護列寧的

安全。

「立即去斯莫爾尼宮！」列寧堅決地回答說。

「不行，他們會殺害您，要是碰上士官生，他們會打死人的！」

列寧沒有爭論，他迅速地套好假髮，穿了一件大衣，然後，急匆匆地走出了大門。拉希亞明白勸說也無用，只好緊緊地跟隨列寧。

從謝爾多博里大街到斯莫爾尼宮要十公里，電車見不到，人都躲起來了，四周黑得伸手不見五指。泥濘和融化的積雪在腳下啪噠啪噠地響，風打到臉上，痛如刀割。

列寧微微低頭，挺著胸，迎風走著，拉希亞兩條長腿也只能勉勉強強地跟上他。

「站住，站住！」拉希亞大聲地說道，他看到了一輛電車正朝站頭駛去。

電車停了，他們跳上電車的踏板。電車裡幾乎是空的，朝車場開去。

列寧敏銳地看著黑暗的地方，看著荒涼的秋夜。一輛輛滿載荷槍實彈的士兵卡車趕上了電車，又超過。又是一輛卡車趕上。「這下資本家要吃苦頭了。」有人說。

「我們已經到車場了，請下車。」女售票員說。列寧和拉希亞又走到夜色包圍的馬路上。

正在這時，他們聽到了馬蹄踩在圓石上的篤篤聲。兩個士官生騎在馬上衝他們叫道：「通行證！」

一個士官生拉緊韁繩，馬被拉得彎著脖子，兩條前腿騰空直立起來。

「通行證！」一個士官生把馬逼近拉希亞，要求出示證件。

兩個士官生對列寧扮成的老頭子沒在意。「老大爺」從直立的馬旁碎步走過去。

「什麼通行證？」拉希亞推托，接著他憨頭憨腦地又重複了一遍，盡力爭取時間讓列寧走遠。「我連在哪弄通行證都不知道，我一個工人，要什麼通行證？」

一個士官生罵著將馬鞭舉到拉希亞的頭上。

「你饒了他吧！」另一個說。

他們騎馬疾馳而去。拉希亞急急忙忙跑著趕上列寧。

「謝謝！」列寧簡短地說了一句。

斯莫爾尼宮前是一塊寬闊的曠地，長著小樹和稀疏的灌木林。現在曠地上人群聚集，一片喧譁聲。燃著許多火堆，士兵們聚集在旁邊烤火。

在曠地外圍，一輛接著一輛的卡車開來了，武裝的士兵和工人從卡車上跳下，像圍牆一樣湧向斯莫爾尼宮。

「隊伍，集合！」場地上傳來一聲命令。

　　人群隆隆聲一片，整個場地都在震動。斯莫爾尼宮旁放著大砲，衛兵在門旁守衛。

　　一長排斯莫爾尼宮大樓，三層樓的窗戶全都燈火通明。無數覺醒的人們睜著大眼睛，一支支槍豎立在他們背後，這種景象是多麼波瀾壯闊。

　　列寧的心猛烈跳動，他盼望已久的時刻即將到來了。

　　拉希亞弄到兩張進斯莫爾尼宮的通行證，他們進入了斯莫爾尼宮。走廊裡人很多，放著一箱箱子彈和一堆堆槍，顯得擁擠不堪。他奔上三樓，走進了革命軍事委員會辦公室。

　　軍事委員會的委員們都集中在這裡開會。有人站著，有人坐著，祕書在做記錄。會已經開到半夜。赤衛隊、軍隊和工廠的聯絡員不斷跑進跑出。

　　列寧走了進去，摘下帽子，同時一起摘下了假髮。

　　「列寧！」大家都認出來了。

　　革命軍事委員會主席尼古拉・依里奇・波德沃依斯基快步向列寧跑了過去，激動地握住了列寧的雙手。大家多麼高興啊！好像力量、膽量和列寧一起來了。

　　「拖延就等於死亡！」列寧迅速、果斷地命令道，「應該占領電報局、電話局、火車站、橋梁。不能拖延，現在就做，就在今天夜裡！」

　　聯絡員進來領取了指示。革命軍事委員會的命令是：

占領電報局、電話局、火車站、橋梁，占領政府的所有機關。

「赤衛隊，集合！」在斯莫爾尼宮的場地上，口令聲如雷貫耳。火堆燃燒。滿載著武裝工人的卡車向前開去，消失在10月的夜色之中。士兵和水兵也出發了。

10月24日至25日夜裡，像久蓄能量的火山，俄國十月社會主義革命爆發了！

斯莫爾尼宮的燈徹夜亮著，從攻克冬宮那天算起，這已經是第二個晝夜了。新的蘇維埃政權就要誕生了，有太多工作要做，太多的問題要討論。燈下，列寧通宵緊張工作，指揮戰鬥、聽取城市各區報告、發布指示。

克魯普斯卡婭望了一眼列寧歡樂而瘦削的臉，有些擔心。她和另一個同志商量著，硬是將列寧拖到一個房間，力勸他休息。

列寧熄了燈躺在床上，但他睡不著，頭腦中思緒萬千，想著從明天起應該建設新的國家，這是世界上從未有過的第一個工農國家。

列寧的頭腦中產生了一個又一個的計畫，一個比一個重要。他通曉馬克思主義學說，以前在革命鬥爭中，馬克思總能幫上忙。但是建立一個工農國家，應該依靠自己，靠自己的勞動和智慧。

列寧細心地聽了一會兒，房子裡靜悄悄，大家都進入了夢鄉。他點亮燈，坐到寫字臺旁。黑夜茫茫，他一動不動地坐了一會兒，好像在傾聽自己的思維似的。

在這個萬籟俱寂的深夜，列寧浮想聯翩。他拿起了筆，奮筆疾書寫道：

地主、教會、修道院的土地，所有富人的土地都無償地轉交給農民。誰不在土地上勞動，就不給他土地。土地屬於土地上的勞動者。

列寧寫出了人民世世代代的理想和期望。他的呼吸是多麼愉快，多麼輕鬆！在黑茫茫的夜裡，街道上只有這一個窗戶亮著。就像流放在舒申斯克村時，整個村莊沉睡了，只有列寧醒著，在綠色的罩燈下思索。天空微微放光，清晨來臨。

列寧放下筆，看了看表，想了想，躺下了。頭剛枕到枕頭上，他就睡著了。

桌上放著列寧寫好的紙。天空發白，太陽從灰暗的雲層鑽出。光線掠過列寧的房間，掠過紙面，照亮了紙上的標題：〈土地法令〉。

從 25 日夜裡至 26 日上午，20 多萬革命士兵和起義工人迅速占領了彼得格勒的各個策略要地。起義部隊占領了郵政總局、波羅的海火車站和尼古拉耶夫斯基火車站，接著關閉

了政府大樓的照明電路，電話局切斷了臨時政府和司令部的大部分電話。

赤衛隊員、士兵和水兵已經占領了皇宮大橋。臨時政府總理坐上美國大使館的汽車倉皇逃跑。

彼得格勒武裝起義取得勝利，資產階級臨時政府被推翻。

舉行盛況空前的大會

西元 1917 年 10 月 26 日，蘇維埃第二次代表大會即將召開。斯莫爾尼宮的大廳裡聚滿了人，有穿水手服、粗呢上衣、腰插手榴彈的水兵，有昨天衝鋒陷陣的赤衛隊員，有來自各個工廠的工人，還有大鬍子的莊稼漢，他們來自邊遠地區。

以前在沙皇統治俄國的時候，斯莫爾尼宮的這個白色大廳開過舞會、音樂會，出沒在這裡的是貴族學校的女學生和社會名流。女皇有時也在侍女的陪伴下來，高貴的鞋子踏過拼花地板，輕搖小扇，欣賞跳舞者的表演。

以前窮光蛋們要是來到這裡，會被窮凶極惡的衛兵像趕瘟疫一樣趕開。而今天，他們的腳已真真切切地踩在這拼花地板上。因為社會改了、國家變了，不再屬於沙皇，而是屬於人民。這些工人、農民、士兵正是平民的代表，今天他們

來到斯莫爾尼宮白色大廳，正是為了參加在這裡舉行的蘇維埃第二次代表大會。

凳子、椅子座無虛席，有人坐在地上、窗臺上，有人站著。人們各個戴上紅帶子表示理念，紅得鮮豔奪目。菸草的煙霧裊裊，廳裡一片喧譁。「我們勝利了！打倒資本家。一切權利歸蘇維埃！」

大廳裡，高高的天花板，圓圓的大理石柱子，正面牆上有一人多高的金色相框，沙皇的頭像已被摘下來扔掉了。代表打量四周不同尋常的景象，同時迫不及待地等著列寧來講話。

突然，大廳裡沸騰起來。「列寧！列寧！」許多人從位子上站起來，想要看清主席團成員的模樣。

主席團成員走來了，他們在桌旁坐下。那個穿黑色的皮短上衣，眼鏡上繫著帶子的是斯維爾德洛夫；那個高個子，瘦削的是捷爾任斯基；那個臉很討人喜歡，眼神坦然、直率的是波德沃依斯基；那個寬額頭，目光炯炯的人就是列寧。

「列寧萬歲！」人們禁不住高喊，禮帽、水手帽在空中上下翻飛。

大會主席宣布代表大會開始，請列寧同志講話。

列寧快步走上臺，全場聽眾齊刷刷地站起來。

「列寧萬歲！」人群又一次爆發出歡呼聲。

列寧受到了熱烈的歡迎。當時城裡戰鬥還正在進行。臨時政府所在地的冬宮還沒有被攻下，但城裡的主要策略據點已經在無產階級手裡。

列寧在主席臺上，他看到大廳裡一張張幸福的臉，看到了衣著樸素的人群，這裡沒有穿禮服的紳士和時髦的太太，這裡有工人、農民和士兵的代表，是普通的人民。在他們面前，列寧感到自己對他們的命運肩負責任。

列寧舉起一隻手，他開始發言。大廳裡漸漸平靜下來，人們開始全神貫注地聽。

列寧談到了和平。工人和農民不需要戰爭，蘇維埃國家不需要戰爭，人民盼望和平的生活，應該結束戰爭。

大會首先透過列寧起草的〈告工人、士兵和農民書〉，宣告各地全部政權歸工人、農民、士兵的代表蘇維埃。接著列寧讀了〈和平法令〉。其中說道：

> 與德國的戰爭已經第四個年頭了，人民被這個戰爭拖垮了，拖苦了，要結束這場戰爭。

〈和平法令〉揭露了帝國主義掠奪性戰爭，反映了廣大勞動人民迫切希望和平的願望，建議一切交戰國立即進行談判，締結不割地不賠款的和約。

「萬歲！」白色大廳裡掌聲如雷。

人們不禁感嘆：「蘇維埃政權多麼關心我們，這才是人民

的政權！」

同意的烏拉紛紛響起，匯成巨大的聲響，白色大廳裡從未響起如此巨大的「烏拉」聲，然後，從未響起如此強壯有力的歌聲。那是雄壯的〈國際歌〉：

起來，飢寒交迫的奴隸，
起來，全世界受苦的人！
不要說我們一無所有，
我們要做天下的主人！

接著，列寧又宣讀了昨夜起草的〈土地法令〉。其中說道：

立即廢除地主土地所有制，全部土地收歸國有，交給勞動農民使用。

最後，代表大會選舉成立了世界上第一個工農兵蘇維埃政府，即人民委員會，列寧當選為人民委員會主席。

人民委員會下設各部，執行無產階級國家的各種職能。史達林當選為民族事務人民委員，托洛茨基當選為外交人民委員。

世界上第一個蘇維埃政權在俄國正式誕生了！

阿芙樂爾號發出攻擊信號

彼得格勒蘇維埃革命軍事委員會已經發布了列寧起草的

〈告工人、士兵和農民書〉，宣告「臨時政府已被推翻」，臨時政府的權利轉移到人民手中。但臨時政府的部長們還在冬宮裡負隅頑抗，兩千多名軍官和士官生繼續盤踞著冬宮。

冬宮一面朝向涅瓦河，另一面朝向巨大的皇宮廣場。白色的圓柱和雕塑點綴著宮殿，檐下聳立著高大的塑像和花瓶，塔上的金色雄鷹展翅飛翔。

列寧嚴厲地對革命軍事委員會主席波德沃依斯基說：「怎麼會這樣？整個彼得格勒在我們手裡，冬宮卻沒能攻克。應該迅速拿下冬宮，逮捕臨時政府成員。」

「準備衝鋒！」波德沃依斯基回答。「今天的冬宮將是我們的冬宮！」他向列寧保證。然後立刻跑出斯莫爾尼宮，坐著汽車去檢查攻克冬宮計畫的執行狀況。

工人和士兵占領了冬宮旁的大街小巷，對冬宮形成包圍之勢，大砲的車輪隆隆作響占領陣地，驅逐艦駛進了涅瓦河，向冬宮靠進。準備就緒後，拋錨停下。

接著，白船舷、包著銅的阿芙樂爾號巡洋艦向冬宮瞄準。起義部隊包圍了冬宮。

革命軍事委員會的委員們乘坐著小汽車，或騎著烈馬視察各個士兵駐點。

「同志們，忍耐一會兒，朝資本家集中力量，要百發百中。列寧同志指揮起義！」

列寧的名字在士兵和工人中間傳來傳去：「兄弟們，列寧同志在指揮起義！」

包圍冬宮的報告不停地傳給在斯莫爾尼宮裡的列寧。列寧拿著鋼筆伏在地圖上做記號。這些街道布置了什麼樣的隊伍，這裡應該補充哪些人。此時，水兵已經從克隆斯塔特開過來了。阿芙樂爾號巡洋艦準備就緒。

「同志們，是時候了，開始衝鋒！」列寧說。這時，阿芙樂爾號巡洋艦已經昂起炮口。

冬宮也沒有睡大覺，正在準備應戰。臨時政府的士官生和軍官用木頭堆成路障，堵住皇宮的出入口，在路障間架起了機槍。

西元 1917 年 10 月 25 日晚 21 時 45 分，阿芙樂爾號巡洋艦以它轟擊冬宮的隆隆炮聲，揭開十月革命的序幕，成為十月革命的象徵。

阿芙樂爾號巡洋艦原為俄國波羅的海艦隊的巡洋艦，艦長 124 公尺，寬 16.8 公尺，西元 1903 年編入現役，1905 年 5 月曾參加過日俄間的對馬戰役。阿芙樂爾意為「黎明」或「曙光」，在羅馬神話中，阿芙樂爾是司晨女神，她喚醒人們，送來曙光。

1917 年 10 月 24 日，艦上全體官兵執行革命軍事委員會的命令，將阿芙樂爾號巡洋艦開到尼古拉耶夫橋畔。

在沉寂的夜色中，阿芙樂爾號巡洋艦發出的射擊信號震裂了長空，聲浪滾滾，天地之間空氣在震盪，回聲久久不斷。「轟——隆！」「轟——隆！」聽到攻擊信號後，起義部隊的衝鋒開始了。

士兵和赤衛隊戰士們像波濤一樣撲向冬宮，戰士的洪流湧動，附近街道上的砲兵開了火，機槍掃個不停。裝甲車一邊吼著衝擊皇宮廣場，一邊向阻擋進冬宮的木頭路障射擊。士官生們丟下了武器，逃進宮中。

「烏拉！」赤衛隊員和戰士一邊追趕著士官生和軍官，一邊高喊。

「烏拉！」他們踢開木頭，爬上路障，跳進宮裡。

「烏拉！工人革命萬歲！」紅色的隊伍衝進了宮中。

一切都眼花繚亂、富麗堂皇、金碧輝煌！一條條走廊，一間間宮室。水晶菱形吊燈、壁畫、雕塑、貴重的木器、鏡子。看著這些，突然有一個赤衛隊員用刺刀猛地向金框的鏡子扎去，玻璃碎片「咯咯吱吱」地響。

「你傻啦！」人們衝著這個隊員喊道，「如今這不是沙皇的財物，它是我們的！人民的！」

「同志們！請遵守革命秩序！」隊長爬上絲絨椅子宣傳。

赤衛隊員和士兵們繼續向前衝，從這廳跑到那廳，從一個房間到另一個房間。

皇宮的傭人穿著鑲金邊的僕人服，膽怯地後退。臨時政府的部長們聚集到一個大廳裡。士官生們還在保衛著他們。

「士官生們，繳械！部長先生們！你們被捕了！」

夜深了，但是斯莫爾尼宮裡燈火通明，樓梯裡，走廊裡，房間裡全都是人，個個情緒高昂。他們迫不及待地等著消息。

列寧滿懷信心地在斯莫爾尼宮等待勝利的消息。這時，革命軍事委員會主席重重地踏響鞋後跟走了進來。由於10月的嚴寒，他的臉凍僵了。他來到列寧面前，向列寧行了一個軍禮。「列寧同志！報告，冬宮已經攻克！」

列寧突然站起身，走上前，緊緊地擁抱波德沃依斯基。

列寧來到了被戰士們占領的冬宮。他得知赤衛軍要燒掉油畫，忙制止他們說：「我們現在不忙燒，反正這些東西已經在我們手裡了，什麼時候燒掉它都可以，也許開了大會當眾燒，比現在燒更有意義。」

赤衛軍一聽更高興了，不再動手。

列寧看大家都平靜了下來，又向他們提出問題：「你們認為這些油畫畫得好不好？」

群眾說：「是畫得很好。」

列寧又問：「這些畫，你們知道是誰畫的嗎？」

有人說出俄國許多大畫家的名字。

　　列寧又問：「我們可以不可以把這些畫連同冬宮保存下來，作為這些吸血鬼壓迫人民，自己過著奢侈的生活，卻想為自己樹碑立傳的證據？」

　　大家都異口同聲說「好」。

　　就這樣，列寧一步一步地說服了赤衛軍。

治理蘇俄

愛國主義，是千百年來固定下來，對自己國家最深
厚的感情。

—— 列寧

建立和鞏固蘇維埃政權

十月革命勝利後，列寧領導的蘇維埃立即採取措施建立和鞏固新生的政權。

在政治上，全俄蘇維埃代表大會是國家的最高權力機構，大會休會期間，由全俄中央執行委員會代行其權力。

人民委員會是行政機構，對全俄蘇維埃代表大會負責，並接受其監督，但是立法機構與行政機構並未截然分開，行政機構也擁有部分的立法權力。

舊政府的機構被撤消，由人民委員會的各部所代替蘇維埃政權頒布一系列法令，建立新型的無產階級政權。為了鞏固蘇維埃政權的基礎，工人代表蘇維埃與農民代表蘇維埃合併。

西元 1917 年 12 月，布爾什維克和社會革命黨左派達成協議，建立聯合政府。

革命政權建立後，國內反動派不斷發動叛亂，主要有尼古拉耶維奇大公的叛亂、鄧尼金的叛亂等。蘇維埃政權在平定了這些叛亂後，立即加強司法建設，鞏固革命勢力。

為此，在 1917 年 10 月，內務人民委員會決定成立工人民警。11 月，決定廢除舊的司法制度，建立新的蘇維埃司法機構，法官及陪審員由人民選舉產生。12 月，成立特別委員會，對付怠工一類的事件，並成立全俄肅反委員會，以對付

各類破壞及陰謀活動。

布爾什維克的上述措施將社會民主工黨的影響擴大至農村。同月，蘇維埃頒布條例，對地方蘇維埃政權的結構、權力及其與中央政府的關係等做了規定。如此，各級蘇維埃政權逐步建立起來。

西元 1918 年 1 月，全俄蘇維埃代表大會第三次會議宣布，俄國為工兵農代表蘇維埃共和國。3 月，布爾什維克第七次代表大會決定，將黨的名稱由社會民主工黨改為俄國共產黨，3 月 11 日，俄共中央及人民委員會遷至莫斯科。

蘇維埃政權十分重視經濟建設。彼得格勒革命一勝利，就頒布〈土地法令〉。1917 年 10 月，頒布八小時工作日法令，11 月，頒布工人監督條例，實行工人對生產及分配的監督，12 月，蘇維埃成立最高國民經濟委員會，領導經濟建設，並宣布銀行國有化。

1918 年，蘇維埃經濟改革進一步深入，2 月，廢除一切國債，接著頒布有關土地的法令，沒收地主土地，發展集體農業，減少個體農業，以便向社會主義農業過渡。4 月，宣布成立消費合作社，接著實施對外貿易的國家管制。

5 月至 6 月，宣布國家將壟斷銷售一些重要的商品，如糧食、布匹，在農村成立農民委員會，分配糧食及生活必需品，並幫助政府沒收地主、富農的餘糧。同月，又宣布大型工業國有化。

治理蘇俄

　　蘇維埃政權還努力建立一支人民的軍隊。西元 1917 年
12 月，頒布的一系列法令規定，全部軍隊的權力歸士兵蘇
維埃及其委員會，一切軍官由選舉產生，舊的軍銜等均被廢
除，以實現軍隊的民主化。1918 年 1 月，人民委員會透過建
立人民紅軍的法令，接著又頒布法令建立工農紅軍海軍。

　　社會方面的立法，是蘇維埃政權打碎舊政權建立新政權
的重要措施。1917 年 11 月，廢除文官等級制度，12 月，宣
布婚姻自由，男女在所有的方面平等一致，推行新的俄語拼
寫法。1918 年 1 月，宣布政教分離，廢除教會一切特權，但
宗教自由仍然受到法律的保護。同時，俄國開始採用通行的
公曆。

　　蘇維埃政權以尊重少數民族的利益為出發點實行民族政
策。在人民委員會中，設立了以史達林為委員的民族事務人
民委員部，1917 年 2 月公布的《俄國各族人民權利宣言》規
定了蘇維埃民族政策的基本原則，即俄國各民族一律平等和
自主；俄國各民族都享有直至分離和建立獨立國家的自決權；
廢除一切民族及民族宗教的特權與限制；俄國境內各少數民
族和人種自由發展。據此，蘇維埃政權承認芬蘭、波蘭和烏
克蘭的獨立。

　　1918 年 1 月，蘇維埃政權宣布俄羅斯蘇維埃共和國是建
立在自由民族聯盟的基礎上，各蘇維埃民族的共和國聯邦。

此後，各民族地區的蘇維埃政權紛紛以民族共和國的形式加入俄羅斯蘇維埃共和國聯邦。

列寧曾向全黨提出，目前的主要任務是組織力量，恢復和改造全國國民經濟。他特別強調，現代化、電氣化在建設社會主義中的巨大意義。他說：「共產主義就是蘇維埃政權加全國電氣化。」1920 年 3 月，按照列寧的建議，成立了俄羅斯國家電氣化委員會，委任老布爾什維克黨員、工程師格‧馬‧克爾日札諾夫斯基為主席。在列寧的關切和指導下，委員會集中兩百多名科學家和工程師，用了近一年的時間，制訂出全國電氣化的計畫。這一計畫被列寧稱為「黨的第二個綱領」。

十月革命的勝利本身就是一個重大歷史事件，在俄國這樣原先落後的國家，初次建立無產階級專政的政權、建立社會主義國家，結束了巴黎公社失敗後國際共運的低潮期，也結束數十年來資本主義的和平發展時期，使世界歷史進入一個新階段。

解決對德戰爭問題

十月革命勝利後，蘇維埃俄國面臨一個重大問題，也就是對德戰爭。

在第一次世界大戰期間，俄國的最後一次大進攻是在西

元 1916 年 6 月 4 日發動的。此次戰役的指揮官勃魯西洛夫沿著 300 多公里戰線出擊。勃魯西洛夫的勝利，使他總司令部的首腦們感到驚訝。沒有一個人對他的進攻抱有信心，也沒有準備為他提供後備軍或物資。

到 6 月底，俄國總司令部向勃魯西洛夫送去為時過遲的支援，用馬拉貨車在滿布車轍的泥路上費力地慢慢運去。同一時間，德國人則沿著高效率的鐵路向東疾馳。到 7 月中旬，奧德聯軍已把戰線穩定下來，對俄國薄弱據點的反攻已奪回了許多小塊土地，尤其在盧茨克周圍。

沙皇的軍事政策不是屠殺便是停滯不進。隨著冬天到來，士兵極度厭戰，逃兵人數在 100 萬以上，士氣十分低落，逃兵公然住在家裡，不受當局的干涉。腐敗和低效率沾染到社會的各部分。軍隊的承包商收了錢，卻只供應部分品質不佳的補給。

可是，對於 300 餘年皇朝可能遭到危險的這類預兆，沙皇仍然無動於衷。有人謀求指點，他都不加理會。當杜馬議長警告叛亂正在席捲這個國家時，尼古拉二世表示「不願回答」。杜馬中最保守的黨派、溫和的社會黨，以及參謀總長等，都在著手策劃逮捕沙皇並迫使沙皇改革。

國際戰爭風雲翻捲的同時，國內風起雲湧的罷工浪潮也使沙皇的統治岌岌可危。工人和士兵組織稱為蘇維埃委員

會，起初與新政權臨時政府合作，但不久他們便進一步向布爾什維克影響下的左翼靠攏，布爾什維克要求結束戰爭和廢除私有財產。

德國方面為了與俄國單獨媾和，以便在西線集中所有軍隊，代表德國最高統帥部的魯登道夫有意冒險，以使俄國退出戰爭。另外，魯登道夫也滿意地注視著溫和派和布爾什維克之間的裂痕擴大。

政治上老練的德國特務偽裝成士兵聚集在前線，雙方在溫暖的陽光下交起朋友來，俄國士兵乾脆不理會作戰的命令。俄國已經打得筋疲力盡，布爾什維克的口號「和平，土地，麵包」比與德國人打仗有大得多的號召力。

前線的紀律蕩然無存，逃兵成為普遍現象，以致軍隊自行解散。德國最高統帥部估量了這個形勢，並且不採取任何可能使俄國人聯合起來的措施。

俄國國內正在經歷著歷史性陣痛。十月革命勝利時，俄國已飽受三年帝國主義戰爭之苦，政權不穩，經濟凋敝，舊軍隊瓦解，紅軍才剛剛建立。人民不需要帝國主義戰爭，蘇維埃俄國也沒有力量繼續戰爭。

在這種形勢下繼續對德作戰，無疑是要斷送剛剛誕生的蘇維埃國家，只有和平才能使新政權獲得喘息，和平就是鞏固新政權的保障。

在革命勝利後的第二天，蘇維埃政權就頒布〈和平法令〉。但是，以英法為首的協約國集團，根本就不理睬蘇俄的和平建議，蘇維埃俄國被迫單獨與德國及其盟國開始和平談判。

西元 1917 年 12 月 3 日，俄德雙方的代表在德國軍隊占領的布列斯特 —— 立陶夫斯克進行談判，並簽訂了一個為期十天的臨時停戰協定。

1918 年 1 月 9 日，和談進入第二階段。德方於 2 月 10 日發出最後通牒，要求蘇俄立即締結和約，放棄從波羅的海沿岸到納爾瓦、普斯科夫和德文斯克一帶領土。蘇俄政府代表團團長托洛茨基拒簽和約，並以蘇俄人民委員會的名義通知德方：蘇俄單方面結束戰爭狀態、復員軍隊。

在這種情況下，德軍以此為藉口，於 2 月 18 日向蘇俄發動全線進攻，占領了蘇俄大片領土。

由於沒有抵抗，於是德軍更加深入俄國領土。在德國人進軍後不到 24 小時，蘇俄接受布列斯特 —— 立陶夫斯克談判中提出的全部條件。可是，德軍的霍夫曼將軍又往前推進，他的軍隊已進到蘇俄的普萊普斯湖和納爾瓦，使彼得格勒面臨入侵的危險。其他德軍的掃蕩已經到了烏克蘭的穀倉。

為了保住新生的蘇維埃政權，列寧強力主張立即與德國

簽約；以布哈林為首的「左派共產主義者集團」則要求停止和談，以革命戰爭反對德國；托洛茨基等人拒絕接受德國的要求，提出不戰不和聲明，激怒了霍夫曼。中央委員會最後採取了列寧的主張。〈布列斯特和約〉先後被布爾什維克黨的七大和蘇維埃第四次非常代表大會批准。

西元 1918 年 3 月 3 日，蘇俄政府代表團在布列斯特與德國簽訂和約。蘇聯人給予波蘭、拉脫維亞、愛沙尼亞和芬蘭自治，而烏克蘭和其他俄國領土則繼續置於德國占領之下。托洛茨基試圖哄騙霍夫曼的策略代價高昂。俄國還得把巴統、阿爾特溫和卡爾斯等地區交給土耳其。

八個月後，在第一次世界大戰中戰敗的德國放棄了所有征服的領土，蘇維埃政府於 1918 年 11 月 13 日宣布廢除〈布列斯特和約〉。

遭遇刺殺後愈加頑強

新生的蘇維埃政權面臨險峻危機，其中的暗殺事件觸目驚心。西元 1918 年 7 月 6 日，正值蘇維埃第五次代表大會期間，左派社會革命黨人暗殺德國駐莫斯科大使米爾巴赫，意圖以此來促使德國向蘇維埃發動戰爭，並以此作為發動反布爾什維克起義的信號。

米爾巴赫被暗殺後，左派社會革命黨人逮捕了肅反委員

會主席捷爾任斯基和莫斯科蘇維埃主席斯密多維奇，並占領了電報局，用電報發出了他們的反布爾什維克起義通電。但是，左派社會革命黨人的行動並沒有得到人民的響應，蘇維埃政府於第二天便平息了這次叛亂。為首的叛亂頭目有的被捕，有的逃之夭夭。

在這困難的日子裡，人民看著列寧，從他那裡得到希望和光明。敵人也盯著列寧，向他伸出血腥的罪惡之手。在西元 1918 年那些極為困難的日子裡，列寧付出比以往更大的努力以阻止局勢惡化。他雖然沒有受過任何軍事訓練，但他卻擬訂軍事計畫，對前線發出指示，親自部署保衛國家的工作。

為了取得人民的支持，列寧採取他特有的工作方式，直接面向人民，親自到工廠去向工人們發表演講。1918 年 8 月30 日，列寧在兩個工人群眾大會上發表演說。

在糧食交易所舉行的群眾大會的講臺上，列寧把群眾的注意力吸引到烏克蘭、伏爾加河流域、西伯利亞和高加索地區發生的事情上來。

在這些地方，蘇維埃政權被外國的武裝干涉者和俄國的反對者所推翻，土地交給了貴族，工廠還給了資本家，工農組織被取締，沙皇時期的政權和舊的警察統治重新抬頭。

列寧向聽眾們大聲疾呼：

讓每一個在政權問題上還搖擺不定的工人和農民看看伏爾加，看看西伯利亞，看看烏克蘭，他自己就會得出明確的答案。

當天晚上，列寧又驅車來到莫斯科河南岸的米赫里遜工廠，在那裡工人群眾正等待著他的到來。汽車徑直開到工廠院內，除了司機斯切潘‧卡季米羅奇‧吉爾以外，列寧沒有帶一個警衛人員。列寧走下汽車，一個人迅速地向工廠走去，那裡是群眾大會的會場。

司機吉爾把車頭調轉過來，停放在離工廠入口處十來米遠的地方，在這裡可以聽得見工廠裡傳來的一陣陣掌聲和歡呼聲。

十幾分鐘後，一位手提皮包的中年婦女走到汽車旁邊，向吉爾問道：「喂，好像是列寧同志來了吧？」

「不知道是誰來了。」吉爾答道。對於克里姆林宮的工作人員有一條嚴格的規定，任何時候不准對任何人講，來人是誰，從哪兒來，還要到什麼地方去。

這個女人笑了起來，「這說的是哪裡話呀？您是司機，您卻不知道您拉的是什麼人？」

「我怎麼會知道呀？是一個演講員吧！乘車的人很多，哪能會認得呀！」吉爾坦然地答道，他仍然沒有說出列寧的名字。

治理蘇俄

這個女人走開了，她走進了工廠的廠房。吉爾對此並沒有特別地在意，因為不管到哪裡，總有好奇的人圍觀汽車，對乘車的人感興趣。

時間大約過去了一個小時左右，突然從工廠裡擁出來一大群工人，幾乎站滿了整個院落。吉爾知道集會結束了，於是便發動了汽車，做好隨時出發的準備。

幾分鐘後，列寧從工廠裡走了出來。他走得很慢，一邊走一邊和身邊的工人交談著，走到離汽車約有兩三米的地方，列寧站住了。他仍在跟兩位婦女交談，解答她們提出的問題。又過了兩三分鐘，列寧準備走出人群，登上汽車。

就在此時，人群中突然響起一聲槍響。吉爾立刻把頭轉向槍響的方向，他看見剛才向他問話的女人正站在汽車左面擋泥板前舉槍向列寧瞄準。

緊接著，又是兩聲槍響，列寧緩慢地倒在汽車旁。

吉爾立刻拉動手槍套，然後抽出手槍向那女人撲去。只見那個女人把手中的白朗寧手槍扔在吉爾腳前，轉身向大門外的人群中跑去。

周圍站滿了人群，吉爾無法開槍，他緊跟著跑了幾步，突然想起了列寧，便馬上轉身跑回來。

在場的人們都被驚呆了，剎那間可怖的沉寂籠罩，直到人群中突然有人喊道：「打死人啦！打死人啦！」整個人群喇

174

一下向院外散開，一瞬間院子裡便空無一人。

吉爾跑到列寧跟前，跪下雙膝，伏在他的身上。

列寧沒有失去知覺，他吃力地問道：「抓到他了嗎？」很顯然，列寧以為向他開槍的是個男人。

「別放聲，別說話，保存力氣。」吉爾輕聲地向列寧說道。

這時，吉爾忽然看見從工廠裡跑出來一個身穿水兵制服的男子，他神色緊張，揮動著左手，右手放在衣袋裡，一直朝著列寧跑來。警覺的吉爾覺得此人形跡可疑，於是便用自己的身體掩護列寧，同時舉起手槍，拚命喊道：「站住！」

這個人沒有停住腳步，離列寧越來越近。吉爾又一次大聲喝道：「站住！我開槍啦！」

來人遲疑停住腳步，然後轉身直奔大門，右手始終沒有離開衣袋。

這時候，工廠裡又跑出來三個人，手裡握著手槍。吉爾又喊道：「站住！你們是什麼人？我要開槍啦！」吉爾此時已將一切置之度外，他心中唯一的念頭就是要保護列寧的生命安全。

「我們是工廠委員會的，同志，是自己人。」跑過來的三個人馬上答道。

吉爾這才認出了他們當中的一個人正是工廠委員會的委

員，以前他來這裡時曾見到過這個人。

這三位工人幫助吉爾將列寧輕輕地扶起，列寧堅持自己走上汽車，坐在車後面他通常坐的座位上。

「送列寧同志到附近的醫院去吧！」一個工人提議道。

「不去醫院。我送列寧回家。」吉爾果斷地回答。他知道，在這個時候，只有克里姆林宮才是最安全的地方。吉爾發動了汽車，加足馬力，飛快地向克里姆林宮駛去。

在路上，吉爾幾次回頭看望列寧，只見列寧半臥著身體，臉色蒼白，但沒有呻吟，甚至一聲都沒哼。

在克里姆林宮的特羅伊茨基大門口，站著一位哨兵，吉爾向他喊了一聲：「是列寧！」便毫不減速地開著車飛速駛過，一直將車開到列寧的住處。

在吉爾和兩名隨車而來的工人的扶持下，列寧艱難地走下汽車。「我們抬著您吧！」列寧搖搖頭。「我自己走，」列寧對吉爾說，「請把我的上衣脫下來，這樣我走路會輕鬆些。」

吉爾小心翼翼地脫下了列寧的上衣，攙扶著他沿著樓梯走上了三樓，直接把他送進了臥室。

這時，列寧的妹妹瑪麗亞聞訊跑來，喊道：「出了什麼事啦？」隨即撲到列寧的床前。

吉爾拿起了電話，撥通了人民委員會辦公廳主任費‧

德·邦契·布魯耶維奇的家。布魯耶維奇扔下電話便衝出了家門。

當他路經克里姆林宮警衛隊的辦公室時，找到衛隊長馬爾科夫，吩咐說：「要克里姆林宮警衛隊和全體赤衛隊員做好戰鬥準備，加強警戒，各大門口、城牆上、人民委員會和全蘇中央執行委員會各入口處要加強值班，依里奇受傷啦！」

「什麼？」飽經風霜的水兵馬爾科夫失聲喊了起來，身體禁不住晃了一晃。

「他受傷了。你趕緊行動吧！要快！」當布魯耶維奇衝出房門時，他聽到馬爾科夫拿起了電話，命令克里姆林宮警衛隊全體出動。

布魯耶維奇踮著腳走進列寧的臥室，看見列寧向右側躺在靠近窗旁的一張床上，輕輕地呻吟著，臉色越來越蒼白，額頭上現出蠟黃色。他的心揪得更緊了。很顯然，列寧傷得不輕，但驚慌的人們竟沒有想起要請醫生。

布魯耶維奇連忙奔向隔壁房間的電話機旁，給莫斯科蘇維埃打電話，請他們馬上去請醫生，同時指示人民委員會汽車庫立即派出幾輛汽車供莫斯科蘇維埃使用。

過了一會兒，醫生們趕來了，他們發現一顆子彈打傷了列寧的左肩，另一顆子彈穿過列寧左肺上部，自左向右穿頸而過，陷在右胸鎖骨附近。這顆子彈向左或向右偏出一釐

米，列寧便會有生命的危險。

　　醫生們費了很大力氣才找到列寧的脈搏，它微弱如絲。在檢查時，傷口無疑發出劇痛，但列寧只是皺了皺眉頭，一點兒也沒有叫喊或呻吟的聲音。相反，當醫生們要求他不要動時，列寧卻回答說：「不要緊，不要緊，感覺還好，一切革命者都可能碰上這種事的。」

　　醫生們到另一個房間去研究列寧的傷情，很清楚，子彈是取不出來的。醫生們擔心有感染的可能，但列寧旺盛的體力和樂觀的精神又使醫生們感到欣慰，他們期望這一點能幫助列寧戰勝傷痛。

　　在醫生們對列寧的傷口進行診察時，列寧的夫人克魯普斯卡婭得到了消息，從她所參加的一個群眾大會上匆匆趕回。她走進臥室，看了列寧一眼後，便退回到門口過道上，坐在緊挨房門的一把椅子上，在那裡她可以看得見列寧。她擔心干擾列寧的休息，擔心列寧看見她再激動起來。但她在門旁坐了幾乎整整一夜，目光一直沒有離開過這個和她朝夕相處的親密愛人。

　　對於當時在克里姆林宮裡的幾位人民委員來說，這一夜也是憂慮忡忡、充滿悲痛的一夜。列寧被刺的事件已通知全國，電報機、電話機不停地工作著，人民委員們在各自的崗位上忙碌得不可開交，他們突然覺得自己肩上的擔子變得很

重很重。

深夜，司法人民委員部部務委員柯茲洛夫斯基來到了克里姆林宮，當時他被指派對刺殺列寧的兇手進行第一次審訊。女刺客名叫范妮·卡普蘭，35歲，社會革命黨黨員。她向列寧開槍後，便隨著混亂的人群一起跑出工廠的大門。人們跑著，一片混亂，誰也不知道向列寧開槍的人在什麼地方，甚至不知道她是一個男人還是一個女人。

但行刺時待在院子裡的孩子們卻看清了刺客的面貌，他們一邊蜂擁追趕著卡普蘭一邊喊道：「就是她！就是她！」

一陣混亂過後，人們開始尋找刺客。米赫里遜工廠的一個工人終於抓住了卡普蘭，憤怒的人們恨不得把她碎屍萬段，費了很大的勁才把她送到了肅反委員會。

8月30日深夜，布爾什維克黨中央第一次發表了列寧被刺的公報。由斯維爾德洛夫簽署的這個公報說：「工人階級應當更進一步加強力量，並對一切革命敵人採取無情的群眾恐怖行動，作為有人謀害領袖生命的回應。」

9月2日，斯維爾德洛夫在全蘇中央執行委員會上發表演說之後，會議通過一項「關於對資產階級及其代理人實行群眾性的紅色恐怖」的決議。

遇刺兩天後，列寧的狀況開始好轉。醫生們對他進行了第一次會診，為此甚至專門運來了一臺手提式X光機。一位

參加會診的醫生對布魯耶維奇說：「只有最幸運的人，才能在遭受這樣傷勢之後免除一死。他會活著，危險期已經過去了。是怎樣過去的，原因是什麼，我說不清楚。這真是莫名其妙，不可思議。毫無疑問，傷勢十分危險，這種情形我未曾見過，也未曾聽說過。」

情況日漸好轉，列寧可以會見他最親密的戰友，也能聽他的家人為他讀報了。他的兩眼又放射出深邃而嚴肅的光彩。總是微瞇著的左眼閃動著激奮、快活和想知道一切的神情。他的臉上呈現的微笑，令人突然覺得他恢復了活力，全身又充滿了深刻的創造性的思維。

過了一些日子，列寧穿上平常的衣服，被允許離開床鋪坐到沙發上。在沙發上，他認真地讀起報來，親自審閱重要文件和電報，針對急件口頭指示。又過了許多日子，列寧按照醫生的囑咐，可以在克里姆林宮內散步了。

當時，俄國國內外盛傳列寧死去的謠言，布魯耶維奇決定在列寧本人事先不知道的情況下，為列寧拍攝紀錄片進行放映。因為列寧一貫討厭過分地宣傳自己，他不會同意為他拍照。攝影師們隱蔽在列寧散步時必經的路上，從各個角度拍下了列寧散步時的鏡頭。

當列寧發現了偷偷跑來跑去尋找最佳角度的攝影師時，布魯耶維奇只好向列寧解釋。當列寧得知拍攝影片是給工人

看，以便粉碎敵人謠言時，才允許繼續拍照。於是攝影師們便從四面八方走了出來，公開地進行拍攝。

半個月後，列寧向醫生表示，他不希望再繼續處在病假狀態，而希望工作。他說自己感到寂寞，這樣無所事事比有病更糟，在人民委員會那裡，就連空氣本身都有助於醫治他。

在列寧負傷治療休養期間，人民委員會每天都召開會議處理各種事務，會議由當時擔任全俄中央執行委員會主席的斯維爾德洛夫和最高國民經濟委員會主席李可夫輪流主持。

自從蘇維埃政權建立以來，人民委員會還是第一次在其主席缺席的情況下工作。最初，人民委員們顯然感到困惑不安，他們不習慣在列寧不在場的情況下開會和解決工作中遇到的問題。但是，人們必須活在現實中，人民委員會必須回應當前狀況。

會議照常進行，議程有條不紊推展，決議在經過仔細、慎重地討論後越來越周全，國家機器在其領袖缺席的情況下正常運轉。儘管如此，人們還是盼望列寧回到人民委員會來。

9 月 17 日，列寧帶著尚未復原的身體出席人民委員會會議。他準時來到會議廳，如同往常一樣，邁著急促、然而略微減慢了的步伐走到他的主席座位上。

參加會議的全體人民委員、他的副手,以及其他工作人員早已到齊,他們懷著敬仰的心情,屏住呼吸,舉目注視著列寧,不久前他還處於死亡邊緣。

列寧以低而微弱的聲音宣布了會議的議事日程。第一個要求發言的是李可夫,他表示,最高國民經濟委員會請求把他的報告從議程上撤銷,改在兩次會議之後,待全部資料彙集齊全再進行。列寧帶有責備意味地搖搖頭,隨後便交付表決。他可能已經猜到,這是同志們考慮到他的身體狀況,故意縮短會議的議程。

第二個議程,報告人沒有來,只好開始討論第三個議程。這個議程用了不到十分鐘,隨後又聽取了一些彙報,非常巧妙地、圓滿地結束了會議。

這次在蘇維埃歷史上並非十分重要但又具有重大歷史意義的會議歷時 25 分鐘就結束了。同志們團團圍住列寧。列寧也像往常一樣,親切和藹地和大家交談,然後回到了自己的房間。

一個星期以後,人民委員會又像以往那樣開始辦公了。列寧經常坐在他的辦公桌前,或在桌旁踱來踱去。自從左臂上的繃帶拿掉之後,他就用這隻手臂做些輕微的活動,盡力用左手從後背去摸右肩胛骨,並經常、準確而有規律地做這種動作。

蘇維埃俄國在西元 1918 年發生的這一驚心動魄的事件就這樣結束了。刺殺列寧的兇手范妮・卡普蘭受到了應有的懲罰。

在內憂外患中捍衛蘇維埃

十月革命勝利後，反布爾什維克隊伍組成的白軍向外國求助，這些國家的軍隊也出於各自的打算，動用武裝協助俄國國內的復辟活動。

西元 1918 年初，日本和英國的軍艦就開進了海參崴港。3 月，英法美三國軍隊占領摩爾曼斯克，後又占領了阿爾漢格爾斯克，成立了白衛軍的「俄國北方政府」。英軍還從伊朗侵入，並且侵入了外高加索。

5 月，捷克斯洛伐克軍團發動叛亂，由於大批白衛軍的加入，叛軍增至六萬名裝備精良的士兵和軍官，他們占領了西伯利亞廣大地區及伏爾加河流域和烏拉爾山脈的西部地區，成立了反革命政權。在北高加索和科爾尼洛夫，鄧尼金和阿列克謝耶夫等沙皇軍官組成了「志願軍」，宣布討伐蘇維埃政權。德國也違背〈布列斯特和約〉，進兵烏克蘭，哥薩克軍首領克拉斯諾夫在德國支持下，糾集大量兵力進攻察里津和沃羅涅什。

國內外的敵人占領了蘇維埃國家四分之三的土地，包圍

了它的中心。但危急的形勢並沒有嚇倒列寧領導下的蘇俄人民，紅軍自西元 1918 年初建立起，迅速擴大，到當年 10 月已經有 80 萬人，在東、南、北各條戰線的正面頑強阻擋著敵人的進攻。

1918 年夏，捷克軍團和薩馬拉政府的軍隊占領了辛比爾斯克和喀山，並繼續向莫斯科推進。布爾什維克黨中央分析這一形勢後，確認東方戰線是具有決定意義的戰線，動員五分之一的黨員奔赴前線。在短短的 2 個月裡，東線成立了 5 個軍。

10 月初，東線司令加米涅夫率領紅軍奪回喀山和薩馬拉，把敵人趕到烏拉爾地區。烏法的五人執政內閣見形勢不妙，逃往西伯利亞。在南方，史達林領導紅軍於 8 月和 10 月兩次逼退克拉斯諾夫對察里津的進攻。

蘇聯人民還要應對敵人暗中製造的顛覆破壞事件。反動分子刺死德國駐俄大使米爾巴赫，後來又刺殺列寧。面對國內外反動勢力的猖獗，蘇維埃政府宣布實行「紅色恐怖」，無情鎮壓一切反叛活動，反對勢力一時噤聲，鎮反有成。

1918 年 9 月 2 日，全俄蘇維埃中央執行委員會宣布蘇維埃共和國為統一的軍營，在「一切為了前線，一切為了戰勝敵人」的口號下，要求把各項工作都轉入戰時軌道。全體公民，不分職業和年齡，都必須無條件履行蘇維埃政府所賦

予,保衛國家的任務。

1918 年 11 月,德國戰敗,第一次世界大戰結束。蘇俄政府宣布廢除〈布列斯特和約〉,命令紅軍收復德軍占領的土地。蘇維埃力量不斷增大。

德國投降後,協約國利用世界大戰結束之機向蘇俄大量增軍,很快就在俄國南部集結了 13 萬軍隊,並與俄國的白衛軍一起向北推進。但是外國軍人在布爾什維克的宣傳影響下被分化,很多士兵拒絕作戰。1919 年 4 月,停泊在塞瓦斯托波爾的法國艦隊水兵起義,反對武裝干涉蘇俄。協約國看到自己軍隊內部不穩,被迫撤走大部分軍隊。

前沙皇海軍上將高爾察克在鄂木斯克發動軍事政變,解散執政內閣,逮捕社會革命黨領導人阿夫克森齊耶夫。高爾察克自稱是「俄國的最高執政者」。他得到協約國的大力支持,用外國槍炮裝備了自己的 25 萬軍隊。1919 年 3 月 4 日,他指揮白衛軍從烏拉爾山一帶向西進攻。紅軍在敵人優勢兵力壓迫下,被迫後撤一百多公里,退到伏爾加河流域。這時,高加索的鄧尼金和波羅的海沿岸的尤登尼奇也發起進攻。

在這緊急時刻,列寧和布爾什維克黨發出「一切為了東線!」的號召。大批黨團員和工人加入紅軍,後方工人決心以加倍勞動支援前線。廣大農民日益離開社會革命黨,

轉而在蘇維埃領導下，向地主階級、資產階級復辟勢力生死搏鬥。

1919 年 4 月 12 日星期六下班後，莫斯科 ── 喀山鐵路機車編組站車庫的黨支部發起星期六義務勞動。大家放棄休息，不拿報酬，自覺為支援前線忘我勞動。列寧高度評價這一運動，稱它為「偉大的創舉」。

1919 年春，紅軍兵力增加到 150 萬。4 月，東線南軍發起反攻，奪回了烏法。7 月，加米涅夫改任紅軍總司令後，伏龍芝負責指揮東線。紅軍乘勝追擊，越過烏拉爾山區，取回了西伯利亞大部份地區。1919 年底，高爾察克全軍潰敗，高爾察克被活捉，於 1920 年 2 月 7 日在伊爾庫茨克被槍斃。

就這樣，協約國和白衛軍的第一次大規模進攻被粉碎了。

高爾察克潰敗後，英國陸軍大臣丘吉爾希望聯合十四國進攻蘇俄。但是這一計畫未能實現。協約國仍把顛覆蘇維埃的希望寄託在鄧尼金身上。英國、美國、法國為鄧尼金運去幾百門大砲和幾十萬支步槍，派去數百名軍事顧問。

鄧尼金的軍隊步步逼近莫斯科，形勢萬分危急！

1919 年 7 月 3 日至 4 日，列寧主持召開了中央委員會全體會議。會議專門討論戰勝鄧尼金的方法，最終調整了最高軍事指揮員，成立了革命軍事委員會。列寧發出「大家與鄧

尼金鬥爭」的號召，幾萬名黨團員奔赴前線。

　　根據黨中央會議上制定的作戰計畫，紅軍從南線開始反攻。擔任主攻力量的是南軍左翼，即紹林的部隊，攻擊方向是新切爾卡斯克、頓河區和庫班，接近敵人的根據地，占領哥薩克的中心。

　　哥薩克對於鄧尼金軍隊具有極其重要的意義，列寧認為，無論是過去和現在，單是哥薩克就能使鄧尼金擁有很大的力量。

　　擔任助攻的是南軍謝利瓦喬夫為首的部隊，攻擊方是庫皮楊斯克，目的是援助蘇維埃烏克蘭。

　　紅軍的這次反攻進行了大約一個月，雖然阻擋住了敵人對莫斯科的進攻，卻未達到預期目的。俄共中央從反攻失利的教訓中得出兩個結論：第一，必須改進對南軍的領導工作，加強對共和國軍事委員會的監督；第二，必須建立強大的騎兵部隊，以便抵抗敵人的騎兵。

　　9月12日，鄧尼金下令全線總攻。經過數日激戰，敵軍突破了庫爾斯克防線，9月20日占領了庫爾斯克。與此同時，敵人什庫羅白衛騎兵軍團與馬蒙托夫的騎兵軍團會師，插入紅軍駐在沃羅涅日的第八、第九集團軍中間。10日，敵軍又占領了沃羅涅日。

　　敵軍的這些勝利迫使紅軍的南軍向後撤退。蘇維埃共和

國最危急時刻來臨了！列寧當機立斷，在 9 月 21 日至 26 日召開的中央全會上提出兩點建議：一是向南線增派新的力量；二是調整南方最高指揮員。

根據中央全會意見，共和國革命軍事委員會任命葉戈羅夫為南方軍司令員，史達林為南方革命軍事委員會委員；任命紹林為東南軍司令員，斯米爾加和特里米諾夫為東南方革命軍事委員會委員。

10 月，紅軍在奧廖爾等地與敵軍展開激戰。10 月 13 日，敵軍占領奧廖爾並迅速向圖拉推進。

圖拉是紅軍的武器工業中心，並且是通往莫斯科的最後一個屏障。圖拉如果失守，莫斯科就難守住。

列寧在獲悉奧廖爾失守後，又收到了彼得格勒危急的戰報。原來另一支白衛軍尤登尼奇的軍隊於 9 月底轉入進攻，於 10 月中旬占領紅謝洛、加特契納，並向前迅速推進，威脅到了彼得格勒。

列寧看完戰報，在屋裡踱了好幾圈，然後提筆向軍事委員會寫了張便條，建議絕不放棄圖拉、莫斯科和彼得格勒，盡一切可能保衛國家心臟，此建議將提交政治局通過。軍事委員會立即向各地區下令：「根據列寧同志指示，死保國家心臟！」

10 月 4 日，南線紅軍組成突擊部隊，把向圖拉推進的敵

軍與奧廖爾攔腰切斷，隨後向奧廖爾發起猛攻。

敵軍針對這一突變，立即暫停向圖拉推進，並集中大量兵力來對付紅軍的突擊部隊。

戰鬥異常激烈，在關鍵時刻，紅軍後續援軍趕到，紅軍取得了一定的優勢。

10月8日，第十四集團軍司令員烏博列維奇與革命軍事委員會委員奧爾忠尼啟則下達攻占奧廖爾的作戰命令。經過兩天慘烈爭奪戰，紅軍重新奪回了奧廖爾。

列寧收到奧爾忠尼啟則發來的簡短電報：「在奧廖爾向您致敬！」

很快，南線紅軍又取得了新的勝利：布瓊尼的騎兵團與第八集團軍配合，擊潰了什庫羅和馬蒙托夫的騎兵軍團，奪回被占領的沃羅涅日。列寧認為這次勝利是戰爭的轉折點，他在10月24日的談話中指出：「我們必須把小規模的局部進攻轉變為大規模進攻，直到奪取最後勝利。」

如何進行大規模進攻？後備力量如何支配？列寧召開中央政治局會議，討論後決定，由南方軍和東南軍兩支軍隊共同進攻和擊潰敵軍。11月17日，紅軍奪回了庫爾斯克。此後，兩支軍隊開始共同進攻，連續取得勝利，把一片又一片領土從敵軍手裡奪回來。

這期間，根據列寧的指示，彼得格勒戰區已經以紅軍

的最後勝利告終。到西元 1920 年 3 月，鄧尼金的軍隊全部被徹底擊潰。鄧尼金把權力轉交給弗蘭格爾，退出了政治舞臺。

對於紅軍的勝利，紅軍總司令加米涅夫說，是列寧毫不動搖的鎮靜態度給了總司令部巨大支持。而列寧卻說，我們之所以能勝利，完全是因為工人和紅軍戰士知道他們為什麼而戰。

與高爾察克和鄧尼金發動進攻的同時，盤踞在波羅的海沿岸的尤登尼奇於 1919 年 5 月發動進攻，占領楊堡，威脅到彼得格勒的安全。黨中央從其他戰線調來軍隊，加強防務。8 月底，把尤登尼奇趕到愛沙尼亞邊境。當鄧尼金進攻莫斯科時，尤登尼奇重新發起進攻，在英國坦克的掩護下，10 月中旬攻抵彼得格勒城下。

10 月 21 日，紅軍開始反攻。11 月，被擊潰的尤登尼奇部隊退到愛沙尼亞境內，當即被愛沙尼亞當局解除武裝。1920 年 2 月至 3 月間，紅軍拿下北方重鎮阿爾漢格爾斯克和摩爾曼斯克。協約國和白衛軍的第二次大規模進攻又宣告失敗。但是緊接著，協約國又組織了第三次進攻，其主力為波蘭軍隊及鄧尼金殘部的弗蘭格爾部隊。

1920 年 4 月 25 日，波蘭軍隊侵入烏克蘭，5 月 6 日，攻陷基輔。以圖哈切夫斯基為司令的紅軍西軍牽制了大量波

軍，布瓊尼和伏羅希洛夫指揮的騎兵第一集團軍突破波軍防線。6月2日，收復基輔。7月，收復明斯克、維爾紐斯，隨即進入波蘭。8月，紅軍進逼華沙。在協約國的大力支持下，波軍展開反攻，紅軍受挫，被迫後撤。10月，蘇波簽訂停戰協定。

1920年6月，弗蘭格爾也集結15萬軍隊發動了攻勢，由克里米亞向北進攻，至7月占領烏克蘭南部，迫近頓巴斯。8月，紅軍強渡到第聶伯河左岸，占領了卡霍夫卡。從8月至10月，弗蘭格爾投入精銳部隊，配有坦克和大砲掩護，多次猛攻卡霍夫卡，均未奏效，紅軍再次建立了由伏龍芝領導的南方戰線。至10月底，對波戰爭結束，紅軍得以全力對付弗蘭格爾。弗蘭格爾退守克里米亞。經過艱苦的戰鬥，終於在11月拿下了克里米亞半島，殲滅了弗蘭格爾的軍隊。

1920年底，外國武裝干涉俄國的戰爭基本上結束了，只有遠東地區仍被日軍和白衛軍占領。蘇俄為了避免與日本發生直接武裝衝突，決定在貝加爾湖以東地區建一緩衝國家。

1920年4月，遠東共和國正式宣告成立。它不是工農蘇維埃國家，而是勞動人民的民主共和國，接受俄共布中央遠東局的領導。遠東共和國成立後，把紅軍和游擊隊改組為人民革命軍。1922年2月，布留赫爾率軍攻克伯力，肅清濱海省的白軍。10月25日，人民革命軍開進海參崴，把最後一

支外國干涉軍趕出國境。1922 年 11 月，遠東共和國重回俄羅斯聯邦共和國。

　　蘇聯紅軍在以列寧為首的布爾什維克帶領下，依靠群眾的支持，克服了重重困難，歷經挫折，終於粉碎了敵人一次又一次的進攻，勝利保衛了新生的蘇維埃政權。

實行戰時共產主義政策

　　西元 1918 年，為了把所有的人力物力都集中起來用於戰爭，列寧領導下的蘇維埃政權陸續採取了一系列非常措施。所有這些應急措施，後來統稱為「戰時共產主義」政策。

　　在當時，連年戰爭已使整個俄國經濟陷入嚴重困境。其中最大的災禍是饑荒。饑荒是一切災難中最嚴重的災難，戰爭造成了饑荒，饑荒又造成整個國家經濟生活的紊亂和破壞。

　　1918 年 5 月 9 日，列寧朝各地發出電報：

> 彼得格勒處於空前危急的境地，沒有糧食。只能把剩餘的馬鈴薯粉、麵包乾發給居民。紅色首都因饑荒而處於滅亡的邊緣。我以蘇維埃社會主義共和國的名義，要求你們毫不遲延地支援彼得格勒。

　　國內戰爭爆發後，蘇維埃國家處境更加艱難。戰爭初期，大片國土喪失，四面戰火包圍，與糧食、原料和燃料產

區的聯繫被切斷。在很長時間裡，國家失去了頓涅茨的煤、巴庫和格羅茲尼的石油、南方和烏拉爾的金屬、突厥斯坦的棉花，還有西伯利亞、庫班和烏克蘭的糧食。

當時蘇維埃政府還無法滿足供給城市居民和軍隊的最低限度糧食需要，糧食問題極其嚴重，迫在眉睫。工業原料和燃料極度匱乏，約有百分之四十的工廠不得不停工待料。

列寧清楚認知到經濟狀況十分艱難，他說：

> 羅曼諾夫和克倫斯基遺留給工人階級的，是一個被他們罪惡、痛苦不堪、多所掠奪的戰爭弄得完全破產的國家，是一個被國內外帝國主義者劫掠一空的國家。

唯有最嚴格地計算每一普特糧食、絕對平均地分配每一磅糧食，才能使糧食夠所有人吃。機器的糧食，即燃料，也極端缺乏，如果不集中全力，嚴格無情地節省消費和實行合理分配，那麼鐵路和工廠就會停頓，全國人民就會遭受失業和饑荒的危害。災難就在眼前，已經非常逼近了。

在嚴酷的戰時環境下，為了克服面前極端嚴重的經濟問題，蘇維埃政權採取了一系列非常措施。如從糧食壟斷專賣到建立餘糧收集制度；加快工業國有化步伐，建立管理總局體制；實行普遍勞動義務制；取消自由貿易，改行包含食品與商品在內的實物配給制。

人民飢餓的時候，列寧和人民在一起，中央委員們和人

民在一起。有了這樣的領導者，蘇維埃政權就有了強大的凝聚力。列寧相信，會有麵包，也會有牛奶的。為了戰勝饑荒，列寧和同志們積極地想辦法。

戰時共產主義政策是蘇維埃國家在戰爭特殊環境下所採取的一系列非常政策和臨時措施，是一種戰時政治經濟體制。列寧說：

> 特殊的「戰時共產主義」就是：我們從農民手裡拿來了全部餘糧，甚至有時不僅是餘糧，而是農民的一部分必需的糧食，我們拿來這些糧食，為的是供給軍隊和養活工人。其中大部分，我們是借來的，付的都是紙幣。

當孟什維克、社會革命黨人、考茨基之流說我們實行「戰時共產主義」是一種過錯時，他們實際等同擔任起資產階級走狗。應當說我們實行「戰時共產主義」是一種功勞。但同樣必須知道這個功勞的真正限度。「戰時共產主義」是戰爭和經濟破壞迫使我們實行的。

實行戰時共產主義，是當時嚴酷戰爭條件下不得不採取的應急措施和非常措施。正是實行這一政策，使蘇維埃政權能夠在困難的情況下，保證城市工人和紅軍最低限度的供應。所以，實行戰時共產主義政策對於戰勝困難、贏得戰爭、保衛年輕的蘇維埃政權起了積極的作用。

然而，戰時共產主義政策不是一項發展生產力的政策，它的意義僅在於，在戰爭的特殊環境下，能夠蒐集到較多的糧食和其他物品，並將它們依照優先順序分配。

戰時共產主義政策在後來遇到極大的危機，說明社會主義建設和改革的道路需要不斷進行探索。列寧在回顧總結這一時期的經驗教訓的時候，多次講到這一點。他說：

> 我們原來打算直接用無產階級國家的法令，在一個小農國家裡按共產主義原則來調整國家的生產和產品分配。現實生活說明我們犯了錯誤。

領導創建第三國際

列寧一直關注並及時參與共產國際的各項活動。西元1919 年 1 月，列寧寫了一封信給歐洲和美洲的工人，他在信上說：

> 屬於無產階級的共產黨已經在一些國家建立起來了，第三國際，即共產國際，正在革命鬥爭的烈焰中誕生。

1919 年 3 月 2 日，列寧在克里姆林宮的一間小廳裡主持了共產國際的第一次大會。出席的代表一共有 51 位。德國、奧地利、美國、法國、匈牙利、瑞典、巴爾幹聯邦、挪威、波蘭、芬蘭、中國、朝鮮、波斯、土耳其和其他一些國家的共

產黨和共產主義組織都派有代表出席。俄羅斯共產黨的代表團，以及烏克蘭、拉維亞、立陶宛、白俄羅斯及阿爾巴尼亞的共產黨代表，他們在會上起了積極的作用。

大會推選了以列寧為首的三人主席團，並由列寧主持大會的每一次會議，領導大會全部工作。

第一次代表大會宣告了第三國際的成立。

在大會閉幕的晚上，全俄中央執行委員會，莫斯科蘇維埃和一些別的組織在劇院裡舉辦了一場會議。

列寧在他的演說中說：蘇維埃已經獲得了全世界工人的同情。也就是說，「國際共產主義革命事業的勝利是有保證的」。

大會透過了〈告國際無產階級宣言〉、〈共產國際行動綱領〉、〈關於資產階級民主和無產階級專政的提綱〉等文件，宣告第三國際成立。

第一次世界大戰爆發後，第二國際分崩離析。然而十月革命的勝利激勵了各國共產黨建立，客觀上需要建立新的國際組織。第三國際成立時各國支部幾乎都是從第二國際原有的支部分裂出來的，即是第二國際中的革命派發展為第三國際，正式拋棄改良主義，而號召世界革命。

第三國際的任務是宣傳馬克思主義，團結世界各國工人階級和廣大勞動人民，為推翻資產階級的統治，建立無產階

級專政，消滅剝削制度而鬥爭。它以民主集中制為組織原則，最高權力機關是代表大會，各國共產黨是它的支部。

在代表大會閉會期間，由代表大會選出的執行委員會負責向各國支部發布指示和監督他們的工作。第三國際在其存在的 24 年中，共召開過 7 次代表大會、領導過 65 個共產主義政黨和組織，在捍衛馬克思主義、推動國際工人運動和亞非拉民族解放運動、反對法西斯主義和帝國主義戰爭、促進國際共運發展等方面作出了重要貢獻。

第三國際在歐洲、美洲、亞洲幫助各國先進工人建立了馬克思主義政黨，協助他們培養了一批革命骨幹，加速了各國共產黨的成長。但是，它在工作中也有許多失誤，特別是長期受史達林大國沙文主義錯誤的干擾，給國際共產主義運動製造過不好的影響，其高度集中的組織形式，曾影響了各黨的獨立自主和各黨之間的平等關係。

第二次世界大戰爆發後，為了有效對抗法西斯，便於各國獨立處理問題，經各國共產黨同意，共產國際於西元 1943 年 6 月宣告解散。

官方刊物是《共產國際》和《國際新聞通訊》。

1943 年 5 月 15 日，共產國際執行委員會主席團為適應反法西斯戰爭的發展，並考慮各國鬥爭情況的複雜，需要各國共產黨獨立自主地處理面臨的問題，作出《關於提議解散

共產國際的決定》。

同年 5 月 22 日，向全世界公布了這個決定。

同年 6 月 10 日，鑒於共產國際在某種程度上是為了反對協約國而創，而美國此時成為蘇聯拉攏以反對法西斯德國非常重要的對象，共產國際執行委員會決定共產國際正式宣告解散。

第三國際的成立，是列寧和他的策略勝利。

制定實施新經濟政策

西元 1921 年 3 月 8 日，俄共布第十次代表大會召開。在會上，列寧首次提出了以實物稅代替餘糧收集制的報告。這被認為是新經濟政策的開端。

在這之前的 1920 年底，列寧就開始醞釀調整經濟政策。他閱讀了許多農民的來信和申訴書，親自接見了各地的農民代表，傾聽他們的意見和呼聲。

列寧在自己的筆記本上摘記了一次非黨農民會議上聽到的意見，並把這些意見轉發給中央委員和人民委員參閱，要求人們重視農民的這些情緒和要求。

1921 年初，列寧著手準備黨的第十次代表大會，探索新的經濟政策。2 月 8 日，他寫成《農民問題提綱初稿》。這一文件提出以下重點：

滿足非黨農民關於用糧食稅代替餘糧收集制的願望；
減低糧食稅額；在繳足稅款的條件下，使農民獲得更
大的自由來運用和支配其納稅以外的餘糧。

以這一提綱為基礎，黨中央成立了由瞿魯巴、奧新斯
基、加米涅夫等人組成的一個委員會，著手起草關於用徵稅
代替餘糧收集制的決議，並於 2 月 18 日完成初稿。

西元 1921 年 3 月 8 日至 16 日，俄共布第十次代表大會
在莫斯科舉行。列寧在會上作了〈關於以實物稅代替餘糧收
集制〉的報告。他在報告中強調指出：

蘇維埃政權必須始終力求在工人階級和農民之間確立
合理的經濟關係；透過自由貿易周轉刺激農業的發展；
自由貿易周轉是工農業之間經濟結合的形式。

大會根據列寧報告，透過了相應決議。3 月 21 日，蘇維
埃中央執行委員會透過了《關於用實物稅代替糧食和原料收
集制》法令。

新經濟政策實施後，重新提出在國家無法經營的企業出
租的問題，出現了租讓制、租賃制等各種形式的國家資本主
義，以及一大批小規模的私人資本主義企業。租讓制、租賃
制和私人企業的發展，有助於蘇維埃國家從極其嚴重的經濟
危機中解脫出來，對恢復國民經濟發揮了良好作用。

早在西元 1918 年初，列寧就提出過國家資本主義的設

想，把它作為社會主義過渡期的特殊的經濟形式。由於戰爭突然來臨，沒有來得及加以實踐。

實行新經濟政策以後，列寧認為在蘇維埃社會裡有五種經濟成分並存，國家資本主義經濟就是其中之一，這是列寧在理論上和實踐上對科學社會主義的一個重大發展。

實行新經濟政策，在流通方面，由國家壟斷貿易改為自由貿易，允許商品生產和商品流通，恢復了商品貨幣關係。自由貿易，是新經濟政策的重要槓桿。

當個體小農在繳納糧食稅以後，既然國家允許他們自由支配自己多餘的糧食和其他農產品，這些糧食和農產品中的一大部分便立即變成商品，不可阻擋地湧入市場。因此，開放自由貿易，促進商品的生產和流通，是建立工農之間正確關係的客觀方法，也是多種經濟成分並存條件下的必然趨勢。商業的全面恢復和人民購買力的迅速提高，也是實行新經濟政策的顯著成就。

實踐證明，從戰時共產主義向新經濟政策轉變，是符合社會發展規律的大轉變，也證明了包括列寧在內的許多人曾經持有的「直接過渡」的思想是錯誤的。

列寧的偉大，不在於他永遠不犯錯誤，而在於他能夠體察民意，審時度勢，尊重客觀規律，領導全黨和全國人民果斷地結束戰時共產主義政策，實行新經濟政策。

在實踐中，列寧一方面反思和總結戰時共產主義政策

帶來的消極後果，另一方面又沿著新經濟政策的道路不斷探索。

從西元 1921 年 4 月他寫的〈論糧食稅〉到逝世前口授的〈論合作制〉等一系列文章中，可以清楚地看到，列寧正是透過新經濟政策，試圖探索一條適合俄國國情的社會主義建設道路。

列寧在探索經濟文化落後的國家該如何建設社會主義時，努力尋找一條讓無產階級國家與千百萬小農之間聯繫的紐帶、尋找讓國家過渡到社會主義的一系列中間步驟，他認為國家資本主義可以作為過渡到社會主義的橋梁。

列寧從各方面探索俄國社會主義建設道路。他不但尊重客觀經濟規律、重視對本國國情的研究，也十分重視發揚黨內民主、健全黨的民主集中制、加強各級檢察監督機關、防止和克服官僚主義，以保證社會主義建設的順利開展。

認真聽取群眾的呼聲

列寧善於把握歷史的潮流和時代的脈搏，認真地傾聽人民的呼聲，勇於面對現實，隨時根據發展的需要和人民的意願修正自己的思想和主張，而不是把自己看作是「完人」。他帶著這些問題，到人民群眾中去尋找解決問題的辦法和答案。

列寧作為人民委員會的主席，接待來訪工作佔有很大的位置。十月革命初期，凡是到克里姆林宮去會見列寧的人，都要透過很多崗哨，訪問者說不定在什麼地方就會受到阻留。

列寧了解到這個情況後，明確要求衛戍司令：「對來訪者如果有祕書處放行的指示，可以不必浪費多餘的時間。」如來訪者沒有按時到來，列寧總要派人去查詢，看看是來訪者不熟悉路，還是被某一崗哨阻留了。

阿爾伯特·里斯·威廉斯是一位美國政論家和新聞工作者，他在西元 1917 年夏天到俄國，目賭了十月革命，並親身參與攻打冬宮的戰鬥。有一次，他在莫斯科被邀請去見列寧。那天，威廉斯和許多人都在會客室裡等候接見，可是等了好長時間還不見招呼。他感到奇怪，因為列寧總是非常遵守時間，這次例外是什麼原因呢？想必是一件大事，某一重要人物耽誤了列寧同志。10 分鐘，20 分鐘，一個半小時過去了，人們還在等待著，猜測著……

門終於開了，所有在場的人大吃一驚。從房間裡走出一個人來，他既不是外交家，更不是什麼高級官員，而是一個平平常常的、穿著短羊皮襖和草鞋的農民。

「請原諒我，」當威廉斯走進列寧的房間時，列寧說：「這是唐波夫省的一位農民。我想聽聽他對電氣化、集體化和對

償付沙皇借款的想法。他的話是那樣有趣，那樣動人，我完全把時間忘記了。」

像這樣的農民，當時在蘇維埃俄國千千萬萬。威廉斯對這件事感觸極深，他在一篇題為〈世界上最大的接待室〉的文章中寫道：

> 各式各樣的人都成了列寧了解情況的來源。他把千萬件收集來的事實慎重權衡、考慮和分析。這就使他比敵人高明，幫助他辯勝敵人、戰勝敵人，無論是列寧格勒的翻砂工、伏爾加河畔的裝卸工人，還是莫斯科的掃地女工，凡他們所想到的，所感覺到的，對列寧來說，都不是什麼祕密。他經常同他們直接談話。

列寧日理萬機，公務活動很多，還時常利用星期天到農村了解民情，但行動時從不興師動眾，而是像普通人一樣。在農村，他不願意在任何闊氣的地方住宿，只願住在草棚之中。每當好客的主人想為客人安置睡鋪時，列寧總是笑著說：「什麼鋪也不要！我只要在乾草上睡覺，要是鋪上東西，那就沒有這樣的風味了，而且也沒有這麼舒服。」他總是拿自己的大衣，或是毛毯，蓋著睡覺。早上起來，走到井邊或河邊去洗臉。

西元 1921 年的一個星期日，列寧來到波克村。他一下汽車，就遇上了幾個農民，其中有一個當過人民代表，見過列

寧。他一說這是列寧同志，農民們刷一下就把列寧圍住了。

有一位白髮蒼蒼的老人對大家說：「這就是我們的領導者列寧，把我們的困苦對他說吧！」於是，大家七嘴八舌講了起來。農民們告訴列寧：波克村的蘇維埃領導人，假借執行糧食稅的法令，幾乎把農民的糧食和種子都奪去了。

列寧意識到：這樣下去可能引起農民對政府和黨的不滿。他讓農民們把這些情況，不遺漏一個事實、一個人名地寫下來交給他。後來，列寧把農民寫來的情況轉交非常委員會去辦理，非常委員會及時糾正了這一事態的發展。

十月革命勝利以後，千千萬萬的郊區農民湧進莫斯科，由於他們長期受沙皇壓迫，懷著對沙皇的刻骨仇恨，對沙皇住過的房子，他們堅持要燒掉。

列寧知道這件事之後，他認為：如果事態繼續發展，將對革命成果造成很大的損失，於是立刻作出指示，要向農民們進行大量的宣傳，引導他們的思想。但是，工作隊員們一次宣傳，兩次講解，三次解釋，農民們根本聽不進去隊員們的解釋，態度仍然很堅定。最後，列寧決定親自向農民們說話。

他首先告訴農民們：「房子要燒也沒問題，但在燒房子之前，能不能讓我先講幾句話？」

農民們回答：「當然可以。」

列寧又問：「你們能否告訴我，沙皇住過的房子是誰建造的呢？」

農民們答道：「當然是我們建造的。」

列寧接著問：「我們建造的房子。現在，我們把自己的財富從沙皇手裡奪回來了，把這些房子讓我們自己的代表們住好不好呀？」

農民們回答：「好！」

列寧最後問道：「那麼，沙皇住過的房子，我們還要不要燒掉呢？」

農民們被列寧說得口服心服，不再堅持要燒房子。一場燒房子的風波，就這樣讓列寧輕而易舉平息了。

列寧夜以繼日，親自拆閱群眾來信以了解民情；熱情接待來訪的工人、農民和基層幹部，傾聽群眾的呼聲和願望；深入農村進行社會調查，與農民促膝談心，商量解決問題的辦法。他還親自召開了非黨農民代表會議，聽取他們的意見和建議。

一天，列寧在自己的辦公室裡約見了來自列寧省弗明基村的一位老農。列寧給老農端上一杯茶，微笑著說：「你叫伊·阿·切庫諾夫，是嗎？聽說你跑了很多地方，了解很多情況，說給我聽聽好嗎？」

列寧的親切、熱情打消了切庫諾夫的緊張拘謹，他打開

了話匣子：「現在莊稼人很苦，連基本口糧都沒有，山區有些女人連衣服都沒有得穿，只能等晚上天黑後才能出門到井邊打水洗東西。」

「依你看，現在農村的主要問題出在哪裡呢？」列寧關切地問。

「我看，主要問題就是農夫失去了工作的興趣。農民種田，不知道秋天要被他們拿走多少糧食。打得多，國家拿走得也多，努力或不努力都一樣，反正都會被拿走，誰還有心種田？政府要調整政策，想辦法喚起大家耕種的興趣。」

列寧很感興趣，接著問：「有什麼辦法能喚起大家耕種的興趣呢？」

切庫諾夫答道：「為什麼不採用我們早已習慣，而且認為最公平合理的辦法呢？我說的就是按農田數量，規定固定的上繳稅收數，而且要事先公布，不要隨便改變。」

列寧忙問：「你是說要政府制定一個徵稅的標準嗎？」

「對啊，按規定交稅後，剩餘下來的產品要允許自己支配。」切庫諾夫說。

老農的一番話，令列寧茅塞頓開，由此，進一步考慮農村經濟政策的新思路。他對切庫諾夫給予很高的評價，當即寫信推薦他到共和國農業人民委員部工作，並建議再吸收幾個經驗豐富、在群眾中具有威信的老農人到農業部工作。列

寧此後還多次約見切庫諾夫，談論農村社會和經濟問題。

在傾聽農民意見的同時，列寧還十分關注理論界對農業政策問題的討論。在博採各方意見的基礎上，列寧調整了經濟政策。從西元 1922 年下半年開始，在新經濟政策啟動下，俄國國民經濟開始全面好轉，全國糧食和農產品的產量迅速增加，工業生產全面恢復並穩步上升。

1921 年起，列寧接見了多批國外經濟代表團。他對第一個接受租讓企業的美國代表阿爾曼德·哈默說：「我們邀請美國人到我們俄國來，是為了請他們教給我們生產方法，把我們的工業提高到應有的高度。對這樣的援助，我們願意付出代價，答應美國資本家絕對不受侵犯，保證一定時期內能從它承租的工商企業中賺到錢……」

嚴於律己關心同志

列寧同志生活非常儉樸，物質方面要求很低，在各種大小事情上，他對自己要求都極為嚴格，在他身上，個人利益與社會利益和諧地結合在一起。

列寧有件大衣，已經穿了好幾年了，袖口磨壞了好幾處，補了再補，可是，列寧仍然穿著這件薄大衣，度過莫斯科那異常寒冷的冬天。

同志們都很關心列寧的健康。有一天，同志們懇求他：

「列寧同志，您這件大衣太單薄了，請您脫下來，換件新的吧。」

列寧笑了笑說：「大家和我一樣，都穿著單薄的衣服，有些同志連薄大衣也沒有！」他非常激動地說：「現在，雖然我們勝利了，可是，同志們啊！我們還要把更多的資金用到國家建設上去，擴大生產，鞏固我們的蘇維埃國家，還要加強我們軍隊的建設。要知道，我們革命絕不是為了自己的享受。衣服穿破點、舊點，又有什麼關係呢？」

列寧為黨、為人民，夜以繼日的工作，平時總穿著打了幾個補丁的外套。當十月革命勝利五週年紀念日的冬天，工廠的工人們利用節日的機會，向列寧寄來一件他們親手織的外套，並附有一封信。信中寫道：「列寧同志，如果您能夠穿一穿我們親手織的外套，我們將感到無限榮幸！」

工人們這種真摯的感情，深深地感動了列寧，他在回信中寫道：衷心感謝你們的問候和禮物。說實話，你們不應該送禮物給我，懇請你們把我的這一請求轉告給全體工人。

在當時艱苦的環境中，政府曾規定，機關人員每人的糧食定量是八分之一磅麵包。

有一天，發麵包的同志搞錯了，多給了服務員一些麵包。於是，服務員送給列寧的麵包比平時多了一點。

列寧注意到了這一點變化，問服務員：「只應當分八分之

一磅，你怎麼弄來這麼多？」

服務員如實地把情況告訴了他，又補充說：「沒關係，我看到他們有許多麵包，架子上都堆滿了，您就吃吧！」

「你只考慮到我們和你照顧的那些人。」

列寧邊說邊切下多出的麵包，嚴肅地說：「把這些還回去，以後千萬不要再這樣做了！」

由於國家的經濟暫時陷入困境，寒冬時節，莫斯科木柴稀缺。列寧辦公室裡的爐子，只有微微的一點溫熱。蘇道哥德縣的人民代表知道了這一情況，就和農民們商量：我們無論如何也不能讓列寧同志受凍！大家決定給列寧送燒柴去。

過了一些日子，一車廂給列寧的燒柴被運到莫斯科，那是農民託運給他的，並另外附有一封信，信中寫道：「我們給您運去一車廂的燒柴，請您把火爐生起來，要是沒有砌爐匠，請寫信來，我們可以派一個來，我們農村有很多人會砌。」

在這最寒冷的日子裡，一車廂燒柴的運到多麼及時呀！列寧知道了這件事後，非常高興；這真是名副其實的雪中送炭呀！他立即吩咐：將這些木柴分給了托兒所、幼兒園。

有一天，一位漁業管理人員到列寧那彙報工作。臨走時送給列寧一條燻魚，他說：「列寧同志，您嘗嘗這條魚，燻得挺不錯的。」

列寧看著魚，心裡實在不是滋味，他皺著眉頭說：「謝謝你，我不能收你送的魚。同志啊，全國人民正在挨餓！」

漁業人員見列寧不肯收，很難為情，他再三解釋，希望列寧能最終收下。但他看列寧不高興的樣子，十分不安，兩隻手不停地搓來搓去，不知道怎麼辦才好。列寧沒有理會他，伸手按響了電鈴，把祕書叫了進來，並告訴他，把魚送到幼兒園去！

為了不使漁業人員難為情，列寧握住他的手笑著說：「我代表孩子們，謝謝你送來的禮物。」

不願別人向自己送禮，這是列寧的性格。他不單討厭負責幹部朝自己送禮，更反對以機關和集體的名義朝自己送禮。

莫斯科市糧食局對列寧送去國營農場的水果樣品，他很不高興，便給糧食局寫了一封信，信中指出：

> 我請求你們今後不要再給我水果，請告訴我下面的資料：國營農場的水果等等都是怎樣分配的？是否分給了醫院、療養院、兒童？都分配到哪去了？分配了多少？

列寧關心同志們健康的事也是很令人感動的。他常常把幹部的健康身體說成是「公家的財產」「國家財富」，要求幹部珍惜和愛護。

　　列寧很關心人民委員亞歷山大·德米特里耶維奇·霍魯巴。霍魯巴不注意自己的健康，生病時還在堅持工作，列寧不能容忍這一點。他說，共產黨員是國家財富，浪費國家財富是不能容許的。起初，列寧寫信給霍魯巴委婉地說，霍魯巴「對國家財富的態度越來越不可取了」。後來又寫張字條給他：

> 親愛的亞歷大山·德米特里耶維奇·霍魯巴：
> 你這樣對待公家財產的態度是全然不行的。勒令：養病三個星期。白白消耗衰弱的身體實在不可原諒。應當改正才好。

　　當這種勸告不起作用時，列寧就寫了一份嚴屬的指令：

> 由於亞·德·霍魯巴對待國家的財富採取不愛護的態度，對他進行第一次警告，命令他立即回家。

　　後來，霍魯巴擔任了人民委員會和勞動國防委員會副主席，肩負的革命擔子更重了，列寧愈加無微不至地關心他的身體。他專門給霍魯巴寫了一封關於注意健康的長信，其中包括指派有關同志協助霍魯巴的工作，以減輕他的日常工作。還具體規定了他的作息時間：「星期六、星期日和星期一完全休息」，其餘「每天工時上限 4 小時」。甚至要為霍魯巴夫婦在療養地找房子，安排一個熟悉的護理員給他，還照顧到伙食等。

霍魯巴當天就寫了回信，由衷感謝列寧的關懷，保證一切將遵從醫囑，並說他的健康狀況已有好轉。他表示願意留在習慣了的家庭環境中，在家裡可以進行必要的護理。

列寧還不放心，幾天之後，他又委託祕書寫信給人民委員會辦公廳主任助理，讓他執行一項「硬性規定」：只有中午12至14時才能與霍魯巴通電話或面談公事。

列寧十分重視知識分子和文化工作者的工作，肯定他們勞動的特殊貢獻和意義，極其重視改善知識分子的物質生活狀況，盡量為他們創造良好的工作環境。為了保證科學家能夠順利地進行科學研究，列寧指示成立了「科學家生活改善委員會」等組織，並經常詢問和檢查這方面的工作。

西元1921年1月，列寧親自寫了〈關於保證院士伊‧波‧巴夫洛夫及其合作者從事科學工作的條件〉的指令。要求為傑出的生物學家巴夫洛夫院士的實驗室安裝最好的設備，在國家最好的印刷廠出版他的科學著作，發給他相當於兩個院士的特殊口糧等。

與高爾基建立深厚友誼

列寧與高爾基的友誼相當深厚，可追溯至西元1905年列寧從日內瓦返回聖彼得堡，召開《新生活報》編輯部工作人員和積極黨員的會議時。高爾基不僅為該報撰稿，還常向該

報提供大量物質援助。

列寧對該報編輯流露出想結識高爾基的願望。幾天後，高爾基偕夫人從莫斯科來到聖彼得堡，直接往《新生活報》編輯部與列寧見面。

兩個人相見，熱烈地握手。列寧說：「想不到您來得這麼快。」

高爾基左右打量列寧，說：「見到您我真高興，您原來是這樣的啊！」

他轉身，對旁邊的夫人又說：「您看，這就是列寧同志，多好的人啊！」

他夫人笑著對列寧說：「他早就想見您，這次一聽說您剛到聖彼得堡，立刻就趕來了。是的，您和我們想像中的一樣。」

然後，他們坐下來開始親切地交談。

高爾基說：「列寧同志，您看了沙皇發表的〈立法宣言〉了嗎？他答應給公民言論、集會、結社的自由，和人身不受侵犯的權利，並要成立由全體公民選舉產生、有立法權的國家杜馬。您認為，這是否可以緩和緊張局勢呢？」

列寧笑了笑，說：「您可能沒看到我寫的〈革命的第一個勝利〉一文……」

高爾基忙說：「是的，我還沒看到。」

列寧又說:「我已經說了,沙皇的詔書只是一紙空話,是不會兌現的諾言。沙皇政府並沒投降,專制制度也沒崩潰。革命的無產階級還要繼續進行戰鬥。所以,局勢會更加緊張,戰鬥會更加激烈。」

列寧的分析並沒有錯,沙皇政府一方面頒布立法宣言安撫人心,另一方面則調動軍警大肆捕殺革命工農群眾。

12 月 16 日晚,以托洛茨基為主席的聖彼得堡蘇維埃執委正在開會,大批軍警突然趕來,把全體委員和部分蘇維埃代表逮捕了。同一天,《新生活報》遭到了查封。

但是,革命的火焰沒有熄滅。12 月 22 日,莫斯科武裝起義爆發了,八千多名起義戰士和數倍的軍隊浴血戰鬥九天,最後失敗了。

為了徹底總結十二月武裝起義的經驗教訓,列寧在戰鬥的硝煙還未散盡,就不顧別人勸阻來到了莫斯科。他由俄國社會民主工黨莫斯科委員會領導人陪同,親自去察看了進行巷戰的地方,會見了參加起義的戰士。他還參加了莫斯科委員會著名作家演講者小組會議,會上對十二月武裝起義進行了總結。

西元 1906 年 4 月 23 日至 5 月 18 日,在瑞典斯德哥爾摩召開了俄國社會民主工黨第四次代表大會。這是布爾什維克和孟什維克聯合召開的統一代表大會。開會前夕,列寧在

倫敦再次見到了高爾基。

高爾基因患肺病來倫敦療養，他對列寧說：「革命已處於低潮，但你的革命熱情卻絲毫不減，我不得不相信別人對你的評價，說你是個累不垮的人。」

列寧笑了，說：「很簡單，因為我懷有必勝的信念。」

在開會期間，列寧還抽空兒去旅館看望高爾基，兩個人親切交談。

當談到高爾基長篇小說《母親》時，列寧給予了很高評價，但也毫不客氣地指出了書中的不足之處。

高爾基說《母親》寫得較匆忙，卻為他帶來厄運：他因這本書遭到通緝。

列寧笑了，說：「也為你帶來了榮譽，你用自己被通緝換來整個工人階級的尊敬，不值得嗎？」

1908 年 3 月 24 日，列寧給高爾基寫了一封信，他要高爾基必須批判宣揚馬赫主義的論文集《馬克思主義哲學概論》。

高爾基為此邀請列寧去他居住的義大利喀普里島放鬆一下。列寧直至 4 月下旬才抽出時間，在高爾基一再邀請下，他來到了義大利喀普里島。

高爾基見到列寧，非常高興，說：「你說過，不會休息就不會工作，可你是怎樣休息的呢？這次多逗留幾天吧，我們

好好談一談。」

列寧笑了，說：「你該不是想勸說我與馬赫主義者和解吧？不，我根本不會對他們妥協一步！」

高爾基見他的意圖被列寧道破，臉上有些掛不住，掩飾地說：「你知道我本人不相信任何哲學，在我看來，哲學好像一個女人，長得並不漂亮，甚至很醜，但經過巧妙打扮，卻變成一個妖豔美人了。」

列寧被高爾基的比喻逗笑了，說：「不確切，卻十分新穎。」接著又說，「在你心目中『召回派』那幾位先生可能很了不起……」

高爾基急忙點頭說：「是的，我認為波格丹諾夫、盧那察爾斯基和巴扎羅夫，是受過良好教育的，在黨內也是沒多少人可以比得上。」

列寧嘴邊掠過一絲冷笑，說：「那會怎麼樣呢？他們已經昏了頭，走錯了方向。」

高爾基終於開始了調和，說：「既然他們和我們的目的是相同的，為什麼不可以抹掉哲學上的矛盾呢？據我了解，他們都不希望與你搞僵，至於從我們黨分裂出來，他們更沒有這個想法。」

列寧說：「不，我認為他們和我們的目的完全不同，如果他們不放棄錯誤的思想觀點，我們毫無和解的可能。我的朋

友，您如果不把和解的希望拋到海裡去，我就只能讓你失望了。」

高爾基呵呵一笑，說：「我們的話題為什麼這樣沉重呢？難道我不是邀請您來放鬆的嗎！走，我們去釣魚。」

列寧還沒在海上釣過魚，他很有興趣參加這項活動。

高爾基叫上他的妻子，他們來到海邊，上了一條小漁船，船上的兩個漁民就划船離岸，駛向深海。

小船在海面上輕輕蕩漾著，帶著些寒氣的海風吹著船上的人，好在風不大，浪也不高。

高爾基說：「我們可以不用釣竿，用手指就行了。」

說著，示範似地用手指纏住一根釣絲，甩進海裡。

一旁的漁民對列寧說：「當手指覺得線在擺動，就得扯一扯釣絲。」

列寧學著高爾基的樣子，把一根釣絲甩下海去，問漁民：「這釣絲上的小鈴要做什麼用？」

漁民笑著說：「魚咬鉤時，小鈴就會發出聲音，懂了嗎？」

話音剛落，列寧釣絲上的小鈴「叮鈴鈴」地響起來。「咬鉤了！」漁民興奮地喊起來。

列寧猛地拉起釣絲，果然釣上來一條大白魚，他高興地笑起來，學著漁民的樣子，說：「叮鈴！叮鈴！」

　　高爾基的釣絲上的小鈴也響了，他也釣上一條大魚，笑著對列寧說：「怎麼樣？學會了吧？」

　　此後幾天，列寧天天和高爾基到海上釣魚，每釣上一條魚，他都高興地說「叮鈴、叮鈴」，為此，漁民給他起了個外號，叫「叮鈴先生」。

　　列寧不會講義大利語，但漁民們都很喜愛他的隨和、親切。有個老漁民對高爾基說，只有正直的人，才能有這樣的笑容。

　　列寧常和高爾基邊釣魚邊聊天。高爾基向列寧講述自己不幸童年和少年流浪故事。

　　列寧深深地被高爾基那傳奇般的經歷吸引了，他說：「多麼生動而感人的故事啊，你為什麼不寫自己呢？快點寫出來吧，用你的故事去感動更多的人，這是一項有益的勞動。」

　　列寧的鼓勵讓高爾基牢記在心。後來，他真寫成了自傳體長篇小說《童年》、《在人間》和《我的大學》，在俄國和全世界廣為流傳。

偉人辭世

寧要好梨一個,不要爛梨一筐。積極肯幹和忠心耿耿的人即使只有兩三個,也比十個暮氣沉沉的人強。

—— 列寧

病中口授一系列札記

列寧晚年為黨和國家的機關膨脹以及官僚主義困惑不已，建議對政治制度作一系列的變動。他提出了一個重組黨和國家機關的計畫，要求加強對黨自身的監督，但卻因病喪失了工作能力，最後沒能實現。

西元 1921 年 12 月 23 日，列寧右臂右腿癱瘓，他清楚這對生命的危險。1922 年，列寧的健康狀況越來越壞，越來越頻繁地被迫中斷工作去療養。

列寧雖然健康進一步惡化，右側癱瘓，但頭腦清楚，思維清晰。因此於 1922 年 12 月 23 日，他決定口授一系列札記，把他認為最重要的、使他焦慮不安的想法和考慮寫出來。這就是包括〈給代表大會的信〉在內的一系列札記。在這些札記當中，人們通常把〈給代表大會的信〉稱為列寧的「政治遺囑」。

在寫〈給代表大會的信〉之前，即 1922 年 12 月 18 日，中央政治局曾專門作出決定：「責成史達林同志負責斷絕列寧與工作人員之間的個人聯繫以及信件來往。」並由史達林負責監督執行醫生為列寧規定的制度。

列寧向醫生及中央請求，允許他每天哪怕用很短時間口授他的日記，否則他就完全拒絕治療。列寧以「完全拒絕」相要挾，這才獲得口授的權利。

但列寧的口授進行得並不順利。史達林、加米涅夫、布哈林代表俄共布中央政治局與醫生研究後又決定：列寧不能通信、會客、談政治。

國內政治條件越來越令人擔憂，這是〈給代表大會的信〉產生的原因。最令列寧不安的是官僚主義愈演愈烈，他認為「穩定性的問題基本在於史達林和托洛茨基這樣的中央委員。依我看，分裂的危險，一大半是由他們之間的關係構成的。」

接著，列寧向代表大會分析了當時六位政治局委員、候補委員的缺陷，並著重分析介紹了「現時中央兩位傑出領袖」即史達林與托洛茨基的缺陷。他在〈給代表大會的信〉中說道：

> 史達林同志當了總書記，掌握了無限的權力，他能不能永遠十分謹慎地使用這一權力，我沒有把握。另一方面，托洛茨基同志，正像他在交通人民委員部問題上反對中央的鬥爭所證明的那樣，不僅具有傑出的才能，他個人大概是現在的中央委員會最有才能的人，但是他又過分自信，過分熱衷於事情的純粹行政方面。

現時中央兩位傑出領袖的這兩種特點會出人意料地導致分裂，如果我們黨不採取措施防止，那麼分裂是會突然來臨的。

當時不單史達林擁有無限的權力，托洛茨基也同樣身居要職。托洛茨基除了是政治局委員之外，還是軍事人民委員和海運人民委員，也是軍事委員會主席。同時，他還卓有成效地完成了有關國民經濟方面的任務。

加之托洛茨基的功勳遠在其他領袖之上，其名望僅次於列寧，因此，有大批擁戴者。所以史達林、托洛茨基之間的關係勢必會影響到黨與國家的穩定與不穩定，團結與分裂。列寧的上述說法，實在是一針見血之論。

列寧〈給代表大會的信〉是分六次口授的，時間是西元1922 年 12 月 23 日至 1923 年 1 月 4 日。如果說開始時，列寧還沒有下撤去史達林的決心，那麼在這之後的十天，即1923 年 1 月 4 日，他終於建議把史達林總書記的職位應加調離。列寧說：

> 史達林太粗暴，這個缺點在我們中間，在我們相互交往中是完全可以容忍的，但在總書記的職位上就成為不可容忍的了。因此，我建議同志們仔細想個辦法把史達林從這個職位上調開，任命另一個人擔任這個職位。

列寧怕收信人對此掉以輕心，所以接著強調：

> 這一點看來可能是微不足道的小事。但是我想，從防止分裂來說，從我前面所說的史達林和托洛茨基的相

互關係來看，這不是小事，或者說，這是一種可能具
有決定意義的大事。

如果說列寧前面對史達林、托洛茨基的評價，是有褒有
貶、保持平衡的評論，那麼這裡的建議，使天平一下子傾向
托洛茨基了。等到了列寧發現史達林粗暴辱罵其妻子的事
後，立即叫來速記員進行口授。據說列寧的妻子克魯普斯卡
婭前去看望列寧時，遭到史達林粗暴地阻撓。

列寧給史達林的信是這樣寫的：

> 尊敬的史達林同志：
> 您竟然粗暴地要我妻子接電話並辱罵了她。儘管她向
> 您表示同意忘記您說的話，但季諾維耶夫和加米涅夫
> 還是從她那裡知道了這件事。
> 我不想這樣輕易地忘記反對我的言行，不言而喻，我
> 認為反對我妻子的言行也就是反對我的言行。因此，
> 請您斟酌，您是同意收回您的話並且道歉，還是寧願
> 斷絕我們之間的關係。
> 順致敬意！

這裡連「斷絕關係」這樣嚴厲的話也說出來了。所以問
題就不只是「調開」而已，並且已經要公開了。

從西元 1922 年 12 月 21 日以來，列寧曾五次寫信給托
洛茨基，請他在中央全會為外貿壟斷等問題辯護，糾正史達
林等人的觀點及決定。在寫信給史達林的同一天，列寧又口

授了另一封信，在喬治亞的問題上請求托洛茨基為其辯護。
列寧的信是這樣寫的：

> 尊敬的托洛茨基同志：
> 我請您務必在黨中央為喬治亞那件事進行辯護。此事
> 現在正由史達林和捷爾任斯基進行調查，而我不能指
> 望他們會不偏不倚。他們甚至可能完全相反。
> 如果您同意出面為這件事辯護，那我就可以放心了。
> 如果您由於某種原因不同意，那就請把全部案卷退還
> 給我。我將認為這是您表示不同意。
> 致最崇高的、同志的敬禮！

交代完黨內事務之後，列寧開始口授文章。由於規定的
醫療制度禁止列寧寫文章，所以列寧把口授的東西叫做「日
記」。因為沒有禁止他寫日記。

列寧口授了〈論合作社〉，評論蘇漢諾夫《革命札記》的
〈論我國革命〉、〈我們怎樣改組工農檢察院〉、〈寧可少些，
但要好些〉。

除口授文章外，這段時間列寧最關心的問題是民族問
題，具體說，就是喬治亞問題。

由於反對讓喬治亞作為自治共和國加入俄羅斯聯邦的史
達林「自治化」方案，喬治亞的共產黨人遭到迫害，有的撤
職，有的調離，整個喬治亞共產黨中央委員會改組，甚至發
展到當時主持俄共外高加索局工作的奧爾忠尼啟則動手打人

的地步。

列寧在 1922 年年底口授的〈關於民族或「自治化」問題〉這封給黨第十二次代表大會的信中，指出民族問題十分重要。他說：

> 為此，無論如何都需要用自己對待異族人的態度或讓步，來抵償大國民族的政府在以往歷史上帶給他們的那種不信任、猜疑、侮辱。

在這封信中，列寧還批評了史達林等人的大俄羅斯主義錯誤，認為史達林和赴喬治亞調查情況的捷爾任斯基要「對這一真正大俄羅斯民族主義的運動負政治上的責任」，處分奧爾忠尼啟則，「以儆傚尤」。

1923 年 1 月，列寧繼續關注此事，他向政治局索取有關喬治亞事件的資料遇到拒絕，史達林聲稱未經政治局批准，不能提供。由於列寧的堅持，最後只好提供。列寧組織自己的祕書團隊對喬治亞事件進行調查，要他們寫出報告來，供他在「十二大」上使用。

到 3 月初，列寧感到健康狀況不允許他參加黨的第十二次代表大會，所以致信託洛茨基，要求在大會上代為捍衛自己的立場。

列寧要祕書把全部有關案卷交給托洛茨基。次日，列寧又向受迫害的喬治亞領導人姆季瓦尼和馬哈拉澤寫信：

我專心致志地關注你們的事。我對奧爾忠尼啟則的粗
暴、史達林和捷爾任斯基的縱容感到憤慨。我正為你
們準備信件和發言稿。

西元 1923 年 3 月 6 日深夜至 7 日凌晨，列寧健康狀況
急遽惡化，10 日，列寧再次中風。這是最嚴重的一次，導致
失語、右半身麻痺、右手右腳徹底不能轉動。

列寧憑藉著堅強的機體和頑強的意志與疾病搏鬥。5 月
上半月列寧病情略有好轉，5 月 15 日到鄉間別墅哥爾克療
養。在這裡，列寧每天做恢復語言的練習，健康狀況有所
好轉。

但是 6 月 23 日至 7 月上半月，病情再次惡化。從 7 月
下旬起又逐步好轉，睡眠和胃口恢復正常，情緒很好，開始
用左手鍛鍊寫字功能。他還努力鍛鍊恢復走路、說話、閱讀
的能力。

先是坐輪椅，後來改由人攙扶著走路，再之後不要人
扶，只用手杖，自己上下樓。常常到院子和花園散步，到樹
林採蘑菇，甚至乘雪橇到林中打獵。

8 月 8 日，列寧請求給他報紙，從 8 月 10 日起列寧每天
閱讀《真理報》，後來又增加《消息報》和其他報刊。這些報
紙列寧先瀏覽一下，劃出要看的資料，然後由克魯普斯卡婭
讀給他聽。

8月，撤銷醫生的晝夜值班，9月停止了護士值班。為列寧治病的醫生費爾斯特和多博羅加耶夫在9月表示相信，列寧能逐漸恢復語言功能。

10月7日在縣委書記訓練班上通報了列寧健康狀況：

> 今年夏天列寧的健康狀況極為嚴重。這幾個月為列寧同志治病的醫生和黨中央都很擔心。但最近兩個月無疑大有好轉。列寧同志關心政治生活中的各種問題；早先已經得到醫生的允許，開始讀報。列寧同志獨立行動和活動能力得到發展，我們希望不久能完全康復。

帶病參加共產國際會議

西元1922年11月至12月，共產國際第四次代表大會在莫斯科舉行，出席大會的有58個國家共產黨的代表。重病纏身的列寧參加了會議。

這次會議的召開，是與當時的國際局勢緊密相連的。

在當時，以列寧為首的蘇維埃向帝國主義者艱苦鬥爭，特別是利用第一次世界大戰的戰勝國和戰敗國之間的新仇舊恨，和德國政府代表簽訂了條約，從而在帝國主義列強的戰線上打開缺口。

蘇維埃政府巧妙利用了帝國主義國家之間的矛盾，初步

達到了維護和平和本國安全的目的。

由於國際資本主義的發展又進入相對穩定的時期，各國工農革命運動轉向低潮，所以布爾什維克黨必須相應地調整自己的策略。

與此同時，還要幫助各國共產黨努力做到這一點。共產國際第四次代表大會正是肩負著這樣的使命而召開的。

列寧除了主持此前召開的共產國際第一次代表大會外，還領導了第二次、第三次代表大會的召開。

在第四次代表大會期間，與會代表聆聽了列寧關於俄國革命五週年和世界革命的前途報告。

這是列寧在共產國際代表大會上的最後一次演說，其內容就像是給各國共產黨兄弟的遺囑。

列寧諄諄教誨，要求大家學習俄國布爾什維克黨與資本主義鬥爭、建立無產階級政權的經驗，並把這些經驗創造性地應用於本國革命的具體實踐中去。

代表們分析了國際形勢，認定世界經濟危機日益嚴重，工人失業現象不斷增長，資產階級正在有組織地奪取無產階級的革命成果。

各國共產黨不得不轉向防禦，採取統一戰線的策略，把一切願意反對資本主義的群眾，包括那些跟社會民主黨、無政府主義者、工團主義者走的工人團結起來。

　　共產國際第四次代表大會向各國共產黨提出一項艱鉅的任務，就是對廣大工人群眾說明，要制止帝國主義戰爭，就必須消滅資本主義制度，鞏固蘇俄的社會主義陣地。

　　尤其是對於俄國無產階級及其政黨來說，迫切需要制定出建設社會主義的計畫，爭取早日在俄國建成社會主義。

　　列寧在大會上作關於俄國革命五週年紀念演說結束時指出，無產階級必須學習再學習：

> 我們必須提高群眾教育程度，建立社會主義社會。外國的共產黨必須學習，以便消化俄國的經驗，並在他們爭取社會主義的鬥爭中加以利用。
> 在當時，列寧費了極大的力氣才完成報告，報告結束，他就精疲力竭了。

　　他的病症已經對他有了嚴重的影響。列寧的最後一次公開演說是在莫斯科蘇維埃全會上。他在結束時說：

> 如今社會主義已經不是什麼遙遠的將來，或是什麼抽象幻影。我們把社會主義拖進日常生活中了，我們應當弄清這一點。這就是我們當前的任務。這就是我們這個時代的任務。

　　讓我在結束談話時傳達我的信念：不管這個任務是多麼艱鉅，不管它和我們從前的任務比起來是多麼生疏，不管它會給我們帶來多少困難，只要我們大家同心協力，不是在明

天，而是在幾年以內，我們大家同心協力，無論如何都來解決這個任務，這樣，新經濟政策的俄國將變成社會主義的俄國。

西元 1923 年 10 月 18 日至 19 日，列寧最後一次回莫斯科。對這次莫斯科之行，蘇聯時期的記載頗為奇怪。起初根本不提列寧曾經回莫斯科一事。後來雖然提了，但只說日期在 10 月 19 日，並且說總共只待了兩三小時，最後，才承認列寧在 18 日至 19 日回過莫斯科，但所說的行程各不相同，使人不得不懷疑此中隱藏著什麼不想讓人知道的東西。

1934 年出版的凱爾任采夫的《列寧傳》寫道：

> 10 月，有一次他坐車到莫斯科，到克里姆林宮中他的房間裡去看了一看。在歸途中他又在籌備中的農業展覽會停車看了一會兒。這是列寧最後一次到克里姆林宮了。

按照 1990 年代出版的沃爾科戈諾夫《列寧》一書中的描述，行程是這樣的：

> 10 月 18 日下午到克里姆林宮，在那裡服務人員已經在等待他。列寧很費勁地進到自己的住所，好奇地看看自己的東西、周圍環境、書籍，不久就躺下休息。

第二天，他來到自己在克里姆林宮的辦公室，進入空蕩蕩的人民委員會會議廳，然後到了院子裡。從自己的書房取

了一些書之後，列寧表示想遊覽莫斯科，去了農業展覽會，但被大雨妨礙參觀。他回到克里姆林宮取書，然後乘車回哥爾克。

《列寧年譜》的說法是：

> 18日乘車到莫斯科，回住所，到人民委員會會議室、辦公室。19日乘車遊覽克里姆林宮、莫斯科街道、農業展覽會，然後返回克里姆林宮，從圖書室取走一些書，然後乘車回哥爾克。

這次莫斯科之行，起初列寧心情非常愉快，進城時列寧脫帽向首都致意。但是後來情緒變了，當時任《工商報》副主編的瓦連廷諾夫從Ｂ‧Ｈ‧馬良托維奇那裡聽到一些「小道消息」，後者是透過認識的醫生了解列寧莫斯科之行的某些細節的。據瓦連廷諾夫的描述，大致情況如下：

> 列寧先到會議室，然後回住所，在那裡久久地尋找他在第三次發病之前寫的放在住所的什麼東西。列寧有個習慣，不許任何人碰他保存的任何文件。他去哥爾克時曾要求祕書福季耶娃鎖上辦公室桌子抽屜的鎖不要收拾，住宅也同樣如此，包括克魯普斯卡婭在內，誰都不許動他的札記和其他任何文件。他說，只有這樣他才能迅速得當地找到所需要的文件。

當列寧回到克里姆林宮後發現他所規定的制度不知被誰破壞了，在他認為可以找到東西的地方，卻沒有他所要的東

西。列寧對此非常惱怒，開始嘶啞地說話、出現痙攣。吃驚的克魯普斯卡婭和烏里亞諾娃把他扶上汽車，送回哥爾克。此後幾天他處於重病狀態，已恢復的語言功能又失去了，儘管時間不長。

西元 1923 年 10 月下旬，列寧剛剛好轉的病情又惡化了。在列寧研究院工作的弗·戈·索凌於 1927 年 1 月在《真理報》上寫道：「這次行程之後，烏拉奇米爾·依里奇陷入沉思和痛苦中多日。」

1950 年代末出版的《列寧傳》中也承認，「1923 年 10 月下半月，烏拉奇米爾·依里奇的病情又有惡化的症狀」。

可以看出，莫斯科之行確實惡化了列寧的健康，或者說，莫斯科之行結束後，列寧的病情急遽惡化了。

對黨內爭論深感不安

西元 1923 年底，黨內爭論使列寧更加激動不安，這就是當時托洛茨基和史達林等黨內多數派圍繞「新方針」發生的爭論。

列寧深知一黨執政的國家，其政治制度改革應該先從執政黨自身的改革入手，而且以執政黨自身的改革為核心。

所以他建議「對我們的政治制度作一系列變動」，第一點就是增加中央委員會人數，以防止黨的分裂，並監督黨政

各個主要部門。

他時刻都在關注著政治形勢的發展和變化。

據《列寧年譜》記載，11 月 7 日至 12 月，列寧瀏覽報紙，請克魯普斯卡婭給他讀關於黨的建設爭論的一些文件。

1924 年 1 月，俄共布第十三次代表會議召開，會議中「新方針」的相關爭議一錘定音，譴責托洛茨基主張中的小資產階級傾向是對列寧主義的修正。

會議還決定公布俄共布第十次代表大會〈關於黨的統一〉的決議第七條，此條規定對拉幫結派的中央委員可以降為候補，直至開除出黨。

1 月 17 日至 18 日，列寧瀏覽報紙，看發表在《真理報》關於俄共代表會議的報導，由克魯普斯卡婭讀給他聽。

19 日至 20 日她對列寧讀發表在《真理報》上的代表會議決議。

克魯普斯卡婭後來在回憶這兩天時說：

> 星期六和星期天，我們在談論決議中度過。烏拉奇米爾・依里奇聽得非常仔細，有時還提問題。
> 黨內爭論和黨的第十三次代表會議就爭論作出的決定，這兩件事情使列寧深感不安。

第一，爭論涉及黨內民主和反對官僚主義，這都是列寧發病前後所關心的問題。

第二，被扣上「反列寧主義」罪名的托洛茨基恰恰是列寧在病中一再求助的人，是列寧甚至同意與之結成「反官僚主義集團」的人。

第三，關於俄共第十次代表大會〈關於黨的統一〉決議的第七條，列寧當時曾經表示，讓代表大會選出的中央委員會有權開除中央委員，這是任何民主制和任何集中制都不容許的。

這只是一種極端措施，希望不要運用，提議不予公布。在列寧缺席的情況下，公布這一條，極有被濫用的可能。

據克魯普斯卡婭的回憶，列寧在讀報過程中激動不安起來，克魯普斯卡婭向列寧解釋決議是一致透過的。但是，這樣的解釋顯然不足以使列寧平靜下來。事實上，克魯普斯卡婭也不可能說得更清楚。此後，列寧的病情急遽惡化。

克魯普斯卡婭與托洛茨基第一次會見列寧是在西元 1902 年秋天。

克魯普斯卡婭在那個特殊時刻，認為有必要立即給開始失勢的托洛茨基寫一封表示列寧與托洛茨基同在的信，其用意是很清楚的。

眼下，相關爭議不能好好解決，使得列寧的情緒波動很大。醫生多次警告不能讓列寧激動，而能夠使列寧激動的只有黨和國家的大事。

列寧的生命不能離開黨和國家的大事，他注定要為黨和國家的大事激動，無論歡喜或悲傷。脫離黨和國家的大事，列寧的生命也就無法存在。

極度緊張的工作對列寧的病變發生影響。列寧在醫生的堅持下不得不幾次停止工作。

偉人辭世舉世慟哀

西元 1924 年 1 月 21 日 18 時，列寧病情突然轉重。他失去了知覺，呼吸愈來愈吃力，臉變得死一般蒼白，體溫迅速增高。18 時 50 分，一個時代的開創者溘然長逝，年僅53 歲。

列寧可以說是累死的。

早在 1922 年 10 月 18 日，列寧在莫斯科工作的最後一天，在醫生的執意請求下，他同意去位於首都郊外的哥爾克村休息治療，然而列寧並沒有停下工作。有資料表明，單從10 月 20 日至 12 月 16 日，他就寫了有關外交、政務方面的信函 224 封，接見了來自人民委員會、勞動與國防委員會、政治局等部門代表 171 人。

列寧的病情到 1923 年 3 月越來越嚴重了。第三次發作時，他被送到了哥爾克。他右半身完全麻痺，並且失去了說話的能力。他痛苦地感到病在加重，受到精神興奮與失眠的

折磨，廣大人民焦急關切他的病情。

當時，看護列寧的奧爾巴赫教授這樣寫道：

> 情況確是悲壯的。這個人，這個曾經用他的言語使群
> 眾激動興奮、曾經用辯論說服戰士並使他們堅強起
> 來、使全世界都對他的話起了反應的這個人，現在卻
> 連最簡單最原始的概念都傳達不出來了。

列寧已經不克參加在這年 4 月召開的第十二次黨代表大
會。到會的代表都焦急地討論到他的病況。中央委員會在大
會上的組織報告由史達林代作。

悲傷的結局終於臨近了。謝馬什科寫道：

> 在那不幸的一天的前夜，烏拉奇米爾·依里奇身體不
> 太舒適。他一醒來就感到不舒服，說頭痛，胃口不
> 好。第二天早晨他醒來時仍舊覺得不舒服，不吃東
> 西，經他周圍的人苦苦要求，他才在早飯和晚飯時吃
> 了一些。晚飯後他躺下休息。忽然屋裡的人都看出，
> 他的呼吸沉重而不規則了。

列寧逝世的悲痛消息傳到了全國與全世界。在 1 月 21 日
晚上，召集了中央委員會的全會。在第二天召開的蘇維埃大
會上，最高蘇維埃主席團的主席加里寧宣布列寧去世了。一
時間，鋼鐵般的布爾什維克們都痛哭起來。

黨中央委員會發了訃告，其中這樣說道：

這樣一個人去世了：在他的領導下，我們黨用有力的手，在戰爭的煙霧中，在全國舉起了十月的紅旗，掃蕩了我們敵人的抵抗，在從前的沙皇俄國鞏固建立起屬於勞動者的最高權力。

共產國際的創立人，世界共產主義的領袖，國際無產階級所敬愛並引以自豪的人，被蹂躪的東方的旗手，俄國工人專政的領袖去世了。

訃告還說：

列寧活在每一個誠實工人的心裡。列寧活在每一個貧苦農民的心裡，活在千百萬殖民地奴隸心中。

工人與農民聽到了列寧逝世的消息無不深為哀悼。

1月23日，靈車到了莫斯科。載著列寧遺體的靈柩運到了工會大廈。沿途站滿了成千上萬的工人、紅軍士兵與農民。

五天五夜，成千成萬的工人、農民、紅軍士兵與專程從其他城市來的代表團，青年人與老年人，走進了停著列寧遺體的工會大廈，向敬愛的領袖告別。

在追悼列寧的日子裡，人民成群擠在莫斯科的街頭。紅旗飄揚著。樂隊奏著低緩哀傷的樂曲。全國成千上萬的工廠和火車頭的汽笛都響了起來。

西元 1924 年 1 月 21 日 18 時，馬克思、恩格斯事業和學

說的繼承者，全世界無產階級的革命導師，蘇俄共產黨和蘇維埃國家的締造者，烏拉奇米爾・依里奇・列寧因腦溢血與世長辭。

在工會大廈大廳中央高高的棕櫚葉下，列寧遺體身著暗色卡其布裝，躺在深紅色靈臺上，昔日的同志們為他守靈。

列寧的夫人克魯普斯卡婭站到棺前。夫人望著她丈夫，同時也是她戰友的面容，平靜，無淚，彷彿他倆只是在屋中獨處。忽然間萬籟俱靜，場面陷入絕對的靜默。

1 月 26 日，莫斯科舉行了列寧追悼會，大會就列寧逝世發布了〈告勞動人民書〉，並為永久紀念列寧作出了下列各項決議：出版《列寧全集》，確定列寧逝世紀念日，將彼得格勒改名為列寧格勒，在莫斯科紅場建造列寧墓，在各加盟共和國首都以及列寧格勒和塔什干建造列寧紀念像。大會還進行了其他幾項議題。

在追悼會上，史達林代表布爾什維克黨莊嚴地宣誓要忠實執行列寧的遺囑，他說道：

> 同志們，我們共產黨人是具有特殊性格的人，我們是由特殊材料製成的。偉大的無產階級策略家的軍隊，列寧同志的軍隊，就由我們這些人組成。在這個軍隊裡當一個戰士再光榮不過了。

以列寧同志為創始人和領導者的這個黨的黨員稱號，是再高尚不過的了。並不是任何人都能做這個黨的黨員。並不

是任何人都能經得住這個黨的黨員所必須經歷的種種苦難和風暴。

工人階級的兒女，在貧困和鬥爭中成長起來的兒女，在千辛萬苦和英勇奮鬥中成長起來的兒女，就是這些人應當成為這個黨的黨員。正因為如此，列寧主義者的黨，共產主義者的黨，同時也叫做工人階級的黨。

接著，史達林代表布爾什維克黨宣誓：列寧同志和我們永別時，囑咐我們要珍重黨員這個偉大稱號，並保持這個偉大稱號的純潔性；囑咐我們要保護我們黨的統一，如同保護眼珠一樣；囑咐我們要竭力鞏固工農聯盟；囑咐我們要鞏固並擴大共和國聯盟；囑咐我們要忠實於共產國際的原則。對此，史達林及布爾什維克黨表示要忠實地執行列寧的遺囑。

西元 1924 年 1 月 26 日，蘇共第二次代表大會作出莊嚴決定：列寧陵墓建於紅場克里姆林宮牆邊，與十月革命陣亡將士公墓在一起。誰知人們無法抑制鋪天蓋地而來的巨大悲痛，1.2 萬封電報和信件像雪片一樣飛向克里姆林宮，要求政府永遠保存列寧遺體。

工農大眾對領袖的真摯之情深深打動了蘇聯文學家、哲學家和政治活動家盧那察爾斯基，他向史達林提出永久保留列寧遺體的建議，很快受到採納。當中央委員會決定成立列寧遺體保存專家小組，專門負責遺體防腐研究並限時三個月

完成任務時，絕大多數醫生、專家都猶豫起來，他們擔心試驗萬一失敗會遭不測，紛紛藉故推脫。唯獨生物化學家，猶太籍的茲巴爾斯基接手了這項史無前例的工作。

為了盡快得到理想方案，他使用不同方法，在幾具不同年齡的男女屍體上作試驗，誰知一次次的試驗都告失敗……一個月過去了，列寧的皮膚開始起皺，身軀略有走樣。哈爾科夫大學的解剖學教授沃洛比約夫聞訊趕來相助。他曾為沙皇博物館成功試製出保持絲織品長期不變色、不變質的防腐藥。應茲巴爾斯基的請求，他們以此為借鑑，夜以繼日反覆試驗，一種神奇的藥水終於誕生。茲巴爾斯基和沃洛比約夫先將遺體解剖、清除內臟，接著將藥液注射入周身血管，以便在抑制細菌的同時，用溶液取代肌肉組織裡的水分。

列寧陵墓的設計與遺體防腐研究同步進行。最初的「陵墓」是一座白色的木質結構廳堂。西元 1925 年底，蘇共中央向全國發出重新建造的倡議。據檔案記載，當時共收到百餘份設計方案，如陵墓應該充分展現全黨時時刻刻團結在領袖周圍的主題，將其建成高 26 層的塔形建築物，內設黨中央和部長會議各大機構，塔頂安置巨型探照燈，以象徵列寧巍然屹立，光輝永存；陵墓應反映列寧的世界意義，將其建造成地球狀，讓巨型列寧像高高矗立；建成巴黎埃菲爾鐵塔型，反映無產階級革命的最終勝利……這一切儘管均出自人們對

他們工農領袖的愛戴之情，但客觀上給人的感覺與其說是建列寧墓，不如說是建教堂，不同的只是把十字架換成了紅色五星標誌，耶穌像換成了列寧像而已。最後，史達林決定仍由構思木陵的休澤夫定奪。目前的赭紅大理石陵墓便是休澤夫的傑作。

最後，列寧的遺體被安放在精緻的水晶棺內，他安詳地閉著雙眼，一手握拳，一手隨意地擱在胸前，人們甚至能看清他臉上的皮膚毛孔。在淡紅色燈光的映襯下，列寧那充滿智慧的寬大腦門顯得特別突出，有一種他仍在不停思考的感覺。「他還活著！」是蘇聯人當年常愛說的一句話。

列寧逝世了，他所創建的列寧主義，是帝國主義和無產階級革命時代的馬克思主義。

在領導俄國革命的路上，列寧堅持馬克思主義和新時代的無產階級革命運動相結合，深入研究了資本主義發展到帝國主義階段的規律，總結了無產階級和資產階級階級鬥爭的新經驗，概括了 20 世紀初期社會科學、自然科學發展的最新成果，創造性地運用和發展馬克思主義，從而使馬克思主義理論達到了一個新階段。

附錄

歷史早已證明，偉大的革命鬥爭會造就偉大人物，
使過去不可能發揮的天才發揮出來。

——列寧

經典故事

勤學好問

列寧小時候是一個認真學習的孩子。在學校裡,他的每門功課都學得很好。

老師講課,他用心聽。老師留的作業,他認真做。做完學校裡的功課,列寧還讀許多課外書。他常常把書裡的故事講給別人聽。他愛書裡那些勤勞勇敢的人,拿他們做自己的榜樣。列寧還從不放過書中的一點疑點,只要有不懂的問題,他一定要找到問題的答案後才肯罷休。

有一次,列寧在讀古希臘哲學家蘇格拉底的著作時,對蘇格拉底提出的「知識即美德」的命題提出了懷疑。蘇格拉底認為,美德是從善開始,而善不是天生的,善是需要教育的,最後得出「美德需要教育」的命題。

列寧認為,美德需要教育是不錯的,但若說「知識即美德」就大錯特錯了。比如有的曾受過高等教育的人知法犯法,這就不能說是有知識就是美德了。

列寧把他讀蘇格拉底著作的思考,告訴他的哲學老師後,老師非常讚賞他的獨立思考精神,並號召同學們向他學習。

利用蜜蜂引路

1922 年，列寧住在莫斯科附近的一座小山上。當地有一個養蜂的人，列寧常常跟他來聊天。

有一回，列寧想找那個人談談怎樣養蜂。可是往常派去找他的人到莫斯科去了，別人都不知道他住在哪裡。列寧知道離得不太遠，就親自去找。

列寧一邊走一邊看，發現路邊的花叢裡有不少蜜蜂。他仔細觀察，只見那些蜜蜂採了蜜，飛進附近的一個園子裡，園子旁邊有一所小房子。列寧走到那所房子前，敲了敲門，開門的果然就是那個養蜂的人。

養蜂的人看見列寧，驚訝地說：「您好，列寧同志。是誰把您領到這兒來的？」

列寧笑著說：「我有嚮導，是您的蜜蜂把我領到這兒來的。」

帶頭遵守紀律

十月革命剛剛勝利，一天早晨，朝陽透過薄霧，把金色的光輝灑在高大的斯莫爾尼宮上。

人民委員會就設在斯莫爾尼宮，在門前站哨的是新戰士洛班諾夫。

班長叮囑他說：「洛班諾夫同志，你今天第一次站哨。到

這裡來的人很多，你的任務是檢查他們的通行證。列寧同志今天要來這裡開會，你千萬不能讓壞人混進來！」

「是，班長同志。」洛班諾夫行了個軍禮，「我以革命的名義保證，一定為列寧同志堅守崗位！」

太陽越升越高，到斯莫爾尼宮來開會和辦事的人真多，有工人，有士兵，有農民，還有學生。

洛班諾夫認真地檢查了他們的通行證。

人民委員會主席列寧來了。他一邊走，一邊在考慮什麼問題。

「同志，您的通行證？」洛班諾夫攔住了他。

「噢，通行證，我馬上拿。」列寧急忙把手伸進口袋裡拿通行證。

一位來開會的同志看到洛班諾夫攔住了列寧查通行證，生氣地叫喊起來：「放行吧！放行吧！他是列寧！」

「對不起。」洛班諾夫嚴肅地說，「我沒見過列寧。沒有通行證，誰也不能進去！」

列寧把通行證交給洛班諾夫。洛班諾夫接過來一看，果然是列寧同志。

他非常不安，舉手行禮說：「列寧同志，請原諒，我耽誤了您的時間。」

列寧握住這位年輕戰士的手，高興地說：「你做得很對，小夥子！你對工作很負責任，謝謝！」

他又回過頭來對旁邊那位同志說：「你不該責備他。我們就需要這種認真負責的好戰士。革命紀律是每個人都應該遵守的，我也不能例外。」

還有一次，是在十月革命勝利後的一天，列寧到理髮館去理髮。

當時，屋子裡已經來了很多人。列寧一進門，便問誰是最後一位，意思是要按照先後次序等候。

等著理髮的人都認識列寧，知道列寧日夜為國家大事操勞，每一分鐘都是極其寶貴的。

於是急著對他說：「誰是隊伍末端這不重要，現在空出位置來，請你先理吧。」

列寧回答說：「謝謝諸位同志們。不過這萬萬不可，應該按排次守秩序。我們自己訂的法律，應該在一切瑣碎的生活裡遵守。」

列寧一面說著，找個椅子坐下來，並從衣袋裡掏出一張報紙開始看。

等著理髮的人們看到列寧態度很堅定，再沒有說什麼，都以敬佩的眼光看著自己的革命領袖。

在規定、制度、公約面前，人們是一律平等的。比如理髮要按先後次序，這對誰都應該一樣，不管是普通群眾還是革命領袖。

人們之所以向列寧投來敬佩的眼光，就在於他以普通顧客的身分出現，並且在人們衷心認為他可以享有特權、不受規則束縛的時候，他仍然堅持在一切瑣碎生活裡遵守秩序。

說到做到

列寧上大學時開始抽菸。列寧的母親是醫生的女兒，她知道吸菸的害處，對兒子吸菸上了癮感到很傷腦筋，曾多次叫列寧戒除這一不良嗜好。

剛開始，列寧面對著母親的勸告只是微笑著說：「媽媽，我很健康，吸這點菸不可能造成多大的危害。」

母親疼愛兒子，她想了許多辦法要兒子戒菸，可都沒有效果。後來，她終於想出一個好辦法。

有一次，母親對列寧說：「孩子，我們是靠你父親的撫卹金過日子，撫卹金並不多，每一樣多餘的花費都會直接影響到家庭生活。你吸菸雖然花費不多，但日久天長，也是一筆不少的開支，假如你不吸菸，那對家庭生活是有好處的。」那時，俄國的紙菸並不貴，母親是為了讓列寧不吸菸才這樣說。

列寧聽到母親的話，很受感動。他對母親說：「好的，您說的這些過去我沒有考慮到。」

「好！從今天開始，我不吸菸了。」列寧說完，把口袋裡的菸掏出來放在桌子上，不再摸它了。

年譜

1870 年 4 月 22 日，生於俄國伏爾加河畔辛比爾斯克。

1887 年，從烏拉奇米爾中學畢業後，進入喀山大學法律系學習。不久，他因參加學生運動而被捕、流放。

1888 年，從流放地回到喀山。自修、研究馬克思理論，認真研讀了《資本論》等著作，並參加了馬克思主義小組。

1889 年，列寧移居薩馬拉，埋頭讀了四年半的書；學了幾門外語，並組織了當地第一個馬克思主義小組。

1893 年，秋天移居聖彼得堡。

1894 年，寫《什麼是「人民之友」，以及他們如何攻擊社會民主主義者》。

1895 年，在聖彼得堡創立了聖彼得堡工人階級解放鬥爭協會。年底再次被捕入獄，14 個月的獄中生活後，被流放到西伯利亞。開始使用「列寧」這個筆名。與革命者克魯普斯卡婭結婚。

1900 年 2 月，在西伯利亞的流放結束，回到聖彼得堡後不久轉赴西歐。7 月出國，12 月在德國創辦俄國社會民主工黨（即蘇聯共產黨前身）的機關報《火星報》，為建黨做準備。

1903 年 7 月，黨在布魯塞爾召開代表大會，會上形成了以列寧為核心的布爾什維克。布爾什維克及其體系的產生，標識著列寧主義的形成。

1904 年，寫成《進一步，退兩步》，提出無產階級政黨是按民主集中制原則建立起來的統一組織。

1905 年 7 月，俄國資產階級民主革命爆發，寫《社會民主黨在民主革命中的兩種策略》。

1905 年 11 月，回國直接領導革命。

1905 年 12 月，莫斯科工人武裝起義失敗。在此期間，寫《馬克思主

附錄

義和修正主義》等著作，使馬克思主義得到全面發展。

1907 年，開始了長達十多年的第二次流亡生活。

1908 年，寫成《唯物主義和經驗批判主義》。

1908 ～ 1912 年，致力於總結二月革命的經驗，反對取消派和召回派，並同第二國際投機主義者進行了針鋒相對的鬥爭。

1914 年，一戰爆發後，又提出了「變帝國主義戰爭為國內戰爭」的口號。

1915 年 8 月，寫《論歐洲聯邦口號》。

1917 年，提出了著名的〈四月提綱〉。制訂了武裝起義計畫。10 月，「十月革命」開始並最終取得勝利。

1917 年 10 月，在蘇維埃第二次代表大會上當選為人民委員會主席。

1918 年，在全黨代表大會上當選為政治局委員。領導俄國人民粉碎了 14 個國家的聯合武裝干涉和國內多起大規模的反革命叛亂。

1921 年初，列寧提出並實施了「新經濟政策」。

1923 年 11 月 20 日，列寧在莫斯科蘇維埃全會上說如今社會主義已經不是什麼遙遠的將來，或是什麼抽象幻影。我們把社會主義拖進日常生活中了，新經濟政策的俄國將變成社會主義的俄國。這是他最後一次公開演說。

1923 年，留下政治遺囑，奠定了蘇維埃社會主義共和國聯盟的政治基礎，帶職到哥爾克村病休。

1924 年 1 月 21 日，列寧因腦溢血去世。遺體被安放在莫斯科克里姆林宮紅牆下的列寧墓中。為紀念列寧，彼得格勒因此改名為列寧格勒，直至蘇聯解體後於 1992 年 1 月恢復聖彼得堡舊名。

名言

患難識朋友。

書籍是巨大的力量。

贏得了時間，就是贏得了一切。

誰學不會休息，誰就學不會工作。

必須有勇氣正視無情的真理。

肩膀上應該要長著自己的腦袋。

只要願意學習，就一定能夠學會。

學習，學習，再學習。學，然後知不足。

要成就一件大事業，必須從小事做起。

科學的宗旨就是提供宇宙的真正寫真。

少說漂亮話，多做日常平凡的事情。

馬克思認為理論符合現實是理論正確的唯一標準。

真正建立共產主義社會的任務要由青年擔負。

欺騙的友誼是痛苦的創傷，虛偽的同情是銳利的毒箭。

友誼建立在志向中，鞏固在真摯上，成長在批評裡，斷送在奉承中。

浪費別人的時間等於是謀財害命，浪費自己的時間等於是慢性自殺。

只要多走一小步，看似是往正確的方向前進，卻有可能邁向錯誤。

我們不需要死讀硬記，我們需要用基本的知識來增進每個學習者的思考能力。

道德能幫助人類社會升到更高的水準，使人類社會擺脫勞動剝削制。

判斷一個人，不是根據他自己的表白或對自己的看法，而是根據他的行動。

只有當全體居民都參與管理時，才能徹底進行反官僚主義的鬥爭，才能完全戰勝官僚主義。

電子書購買

國家圖書館出版品預行編目資料

百年不僵的紅色海嘯列寧：普丁不需要革命神話！被忽視淡化的現代俄國開創者 / 潘于真，鍾聲 編著 . -- 第一版 . -- 臺北市：崧燁文化事業有限公司 , 2022.10
　　面；　公分
POD 版
ISBN 978-626-332-781-8(平裝)
1.CST: 列寧 (Lenin, Vladimir Ilyich, 1870-1924) 2.CST: 傳記
784.88　111015080

百年不僵的紅色海嘯列寧：普丁不需要革命神話！被忽視淡化的現代俄國開創者

臉書

編　　著：潘于真，鍾聲
發 行 人：黃振庭
出 版 者：崧燁文化事業有限公司
發 行 者：崧燁文化事業有限公司
E - m a i l：sonbookservice@gmail.com
粉 絲 頁：https://www.facebook.com/sonbookss/
網　　址：https://sonbook.net/
地　　址：台北市中正區重慶南路一段六十一號八樓 815 室
Rm. 815, 8F., No.61, Sec. 1, Chongqing S. Rd., Zhongzheng Dist., Taipei City 100, Taiwan
電　　話：(02) 2370-3310　　　傳　　真：(02) 2388-1990
印　　刷：京峯彩色印刷有限公司（京峰數位）
律師顧問：廣華律師事務所 張珮琦律師

─ 版 權 聲 明 ─

定　　價：330 元
發行日期：2022 年 10 月第一版
◎本書以 POD 印製